KAZACHS

WOORDENSCHAT

THEMATISCHE WOORDENLIJST

NEDERLANDS
KAZACHS

De meest bruikbare woorden
Om uw woordenschat uit te breiden en
uw taalvaardigheid aan te scherpen

7000 woorden

Thematische woordenschat Nederlands-Kazachs - 7000 woorden
Door Andrey Taranov

Woordenlijsten van T&P Books zijn bedoeld om u woorden van een vreemde taal te helpen leren, onthouden, en bestudering. Dit woordenboek is ingedeeld in thema's en behandelt alle belangrijk terreinen van het dagelijkse leven, bedrijven, wetenschap, cultuur, etc.

Het proces van het leren van woorden met behulp van de op thema's gebaseerde aanpak van T&P Books biedt u de volgende voordelen:

- Correct gegroepeerde informatie is bepalend voor succes bij opeenvolgende stadia van het leren van woorden
- De beschikbaarheid van woorden die van dezelfde stam zijn maakt het mogelijk om woord-groepen te onthouden (in plaats van losse woorden)
- Kleine groepen van woorden faciliteren het proces van het aanmaken van associatieve verbin-dingen, die nodig zijn bij het consolideren van de woordenschat
- Het niveau van talenkennis kan worden ingeschat door het aantal geleerde woorden

T&P Books Publishing
www.tpbooks.com

ISBN: 978-1-78492-310-5

Dit boek is ook beschikbaar in e-boek formaat.
Gelieve www.tpbooks.com te bezoeken of de belangrijkste online boekwinkels.

KAZACHSE WOORDENSCHAT
nieuwe woorden leren

T&P Books woordenlijsten zijn bedoeld om u te helpen vreemde woorden te leren, te onthouden, en te bestuderen. De woordenschat bevat meer dan 7000 veel gebruikte woorden die thematisch geordend zijn.

- De woordenlijst bevat de meest gebruikte woorden
- Aanbevolen als aanvulling bij welke taalcursus dan ook
- Voldoet aan de behoeften van de beginnende en gevorderde student in vreemde talen
- Geschikt voor dagelijks gebruik, bestudering en zelftestactiviteiten
- Maakt het mogelijk om uw woordenschat te evalueren

Bijzondere kenmerken van de woordenschat

- De woorden zijn gerangschikt naar hun betekenis, niet volgens alfabet
- De woorden worden weergegeven in drie kolommen om bestudering en zelftesten te vergemakkelijken
- Woorden in groepen worden verdeeld in kleine blokken om het leerproces te vergemakkelijken
- De woordenschat biedt een handige en eenvoudige beschrijving van elk buitenlands woord

De woordenschat bevat 198 onderwerpen zoals:

Basisconcepten, getallen, kleuren, maanden, seizoenen, meeteenheden, kleding en accessoires, eten & voeding, restaurant, familieleden, verwanten, karakter, gevoelens, emoties, ziekten, stad, dorp, bezienswaardigheden, winkelen, geld, huis, thuis, kantoor, werken op kantoor, import & export, marketing, werk zoeken, sport, onderwijs, computer, internet, gereedschap, natuur, landen, nationaliteiten en meer ...

INHOUDSOPGAVE

UITSPRAAKGIDS

Letter	Kazachs voorbeeld	T&P fonetisch alfabet	Nederlands voorbeeld
A a	шайхана	[ɑ]	acht
Ә ә	әдебиет	[æ]	Nederlands Nedersaksisch - dät, Engels - cat
Б б	бауыр	[b]	hebben
В в	ваннамен	[v]	beloven, schrijven
Г г	әңгіме	[g]	goal, tango
Ғ ғ	ғалым	[ɣ]	Nederlands in Nederland - gaat, negen
Д д	достық	[d]	Dank u, honderd
Е е	еркек	[e]	delen, spreken
Ё ё	режиссёр	[jɔː], [ɜː]	yoga, Joods
Ж ж	жолдас	[ʒ]	journalist, rouge
З з	қыз	[z]	zeven, zesde
И и	ангина	[ɪ]	iemand, die
Й й	Абайла!	[j]	New York, januari
К к	келісім	[k]	kennen, kleur
Қ қ	қармақ	[q]	kennen, kleur
Л л	балалар	[l]	delen, luchter
М м	мас емес	[m]	morgen, etmaal
Н н	ынта	[n]	nemen, zonder
Ң ң	өлең	[ŋ]	optelling, jongeman
О о	қорқақ	[o], [oː]	aankomst, rood
Ө ө	өрнек	[ø]	neus, beu
П п	кенеп	[p]	parallel, koper
Р р	қарындаш	[r]	roepen, breken
С с	сырбаз	[s]	spreken, kosten
Т т	тентек	[t]	tomaat, taart
У у	жуас	[w]	twee, willen
Ұ ұ	нұсқа	[ʊ]	hoed, doe
Ү ү	үрлеу	[juː], [ju]	jullie, aquarium
Ф ф	қол фонары	[f]	feestdag, informeren
Х х	махаббат	[h], [x]	zoals in het Schotse 'loch'
һ һ	айдаһар	[h]	het, herhalen
Ц ц	полицейлік	[ts]	niets, plaats
Ч ч	чилилік	[tʃ]	Tsjechië, cello
Ш ш	көрші	[ʃ]	shampoo, machine
Щ щ	ащы	[ʃ]	komt dichtbij [ch] - shampoo, machine
ъ	подъезд	[ʼ]	harde teken - duidt aan dat de voorafgaande medeklinker hard wordt uitgesproken

Letter	Kazachs voorbeeld	T&P fonetisch alfabet	Nederlands voorbeeld
Ы ы	ақылды	[ɪ]	iemand, die
I i	үзінді	[ɪ]	iemand, die
ь	детальдары	[ʲ]	zachte teken - duidt aan dat de voorafgaande medeklinker zacht wordt uitgesproken
Э э	экспортшы	[e]	delen, spreken
Ю ю	компьютерші	[ju]	jullie, aquarium
Я я	жанұя	[jɑ]	januari, jaar

AFKORTINGEN
gebruikt in de woordenschat

Nederlandse afkortingen

mann.	-	mannelijk
vrouw.	-	vrouwelijk
mv.	-	meervoud
on.ww.	-	onovergankelijk werkwoord
ov.ww.	-	overgankelijk werkwoord
bn	-	bijvoeglijk naamwoord
bw	-	bijwoord
abn	-	als bijvoeglijk naamwoord
bijv.	-	bijvoorbeeld
enz.	-	enzovoort
wisk.	-	wiskunde
enk.	-	enkelvoud
ov.	-	over
mil.	-	militair
vn	-	voornaamwoord
telb.	-	telbaar
form.	-	formele taal
ontelb.	-	ontelbaar
inform.	-	informele taal
vw	-	voegwoord
vz	-	voorzetsel
ww	-	werkwoord

Nederlandse artikelen

de	-	gemeenschappelijk geslacht
het	-	onzijdig
de/het	-	onzijdig, gemeenschappelijk geslacht

BASISBEGRIPPEN

Basisbegrippen Deel 1

1. Voornaamwoorden

ik	мен	[men]
jij, je	сен	[sen]
hij, zij, het	ол	[ɔl]
wij, we	біз	[bɪz]
jullie	сендер	[sender]
zij, ze	олар	[ɔlar]

2. Begroetingen. Begroetingen. Afscheid

Hallo! Dag!	Сәлем!	[sælem]
Hallo!	Сәлеметсіз бе?	[sælemetsɪz be]
Goedemorgen!	Қайырлы таң!	[qajırlı taŋ]
Goedemiddag!	Қайырлы күн!	[qajırlı kyn]
Goedenavond!	Қайырлы кеш!	[qajırlı keʃ]
gedag zeggen (groeten)	сәлемдесу	[sælemdesw]
Hoi!	Сәлем!	[sælem]
groeten (het)	сәлем	[sælem]
verwelkomen (ww)	амандасу	[amandasw]
Hoe gaat het met u?	Қалыңыз қалай?	[qalıŋız qalaj]
Hoe is het?	Қалың қалай?	[qalıŋ qalaj]
Is er nog nieuws?	Не жаңалық бар?	[ne ʒaŋalıq bar]
Tot ziens! (form.)	Хош болыңыз!	[hoʃ bolıŋız]
Doei!	Хош бол!	[hoʃ bol]
Tot snel! Tot ziens!	Келесі кездескенше!	[kelesı kezdeskenʃæ]
Vaarwel! (inform.)	Қош!	[qɔʃ]
Vaarwel! (form.)	Сау болыңыз!	[saw bolıŋız]
afscheid nemen (ww)	қоштасу	[qɔʃtasw]
Tot kijk!	Әзір!	[æzɪr]
Dank u!	Рахмет!	[rahmet]
Dank u wel!	Үлкен рахмет!	[julken rahmet]
Graag gedaan	Мархабат	[marhabat]
Geen dank!	Мархабат түк емес	[marhabat tyk emes]
Geen moeite.	Түк емес	[tyk emes]
Excuseer me, … (inform.)	Кешір!	[keʃır]
Excuseer me, … (form.)	Кешіріңіз!	[keʃırıŋız]
excuseren (verontschuldigen)	кешіру	[keʃırw]

zich verontschuldigen	кешірім сұрау	[keʃɪrɪm sʊraw]
Mijn excuses.	Кешірім сұраймын	[keʃɪrɪm sʊrajmɪn]
Het spijt me!	Кешіріңіз!	[keʃɪrɪŋɪz]
vergeven (ww)	кешіру	[keʃɪrw]
Maakt niet uit!	Оқасы жоқ	[ɔqasɪ ʒɔq]
alsjeblieft	өтінемін	[øtɪnemɪn]

Vergeet het niet!	Ұмытпаңызшы!	[ʊmɪtpaŋɪzʃɪ]
Natuurlijk!	Әрине!	[ærɪne]
Natuurlijk niet!	Әрине жоқ!	[ærɪne ʒɔq]
Akkoord!	Келісемін!	[kelɪsemɪn]
Zo is het genoeg!	Болды!	[bɔldɪ]

3. Kardinale getallen. Deel 1

nul	нөл	[nøʎ]
een	бір	[bɪr]
twee	екі	[ekɪ]
drie	үш	[juʃ]
vier	төрт	[tørt]

vijf	бес	[bes]
zes	алты	[altɪ]
zeven	жеті	[ʒetɪ]
acht	сегіз	[segɪz]
negen	тоғыз	[tɔɣɪz]

tien	он	[ɔn]
elf	он бір	[ɔn bɪr]
twaalf	он екі	[ɔn ekɪ]
dertien	он үш	[ɔn juʃ]
veertien	он төрт	[ɔn tørt]

vijftien	он бес	[ɔn bes]
zestien	он алты	[ɔn altɪ]
zeventien	он жеті	[ɔn ʒetɪ]
achttien	он сегіз	[ɔn segɪz]
negentien	он тоғыз	[ɔn tɔɣɪz]

twintig	жиырма	[ʒɪːrma]
eenentwintig	жиырма бір	[ʒɪːrma bɪr]
tweeëntwintig	жиырма екі	[ʒɪːrma ekɪ]
drieëntwintig	жиырма үш	[ʒɪːrma juʃ]

dertig	отыз	[ɔtɪz]
eenendertig	отыз бір	[ɔtɪz bɪr]
tweeëndertig	отыз екі	[ɔtɪz ekɪ]
drieëndertig	отыз үш	[ɔtɪz juʃ]

veertig	қырық	[qɪrɪq]
eenenveertig	қырық бір	[qɪrɪq bɪr]
tweeënveertig	қырық екі	[qɪrɪq ekɪ]
drieënveertig	қырық үш	[qɪrɪq juʃ]
vijftig	елу	[ely]

eenenvijftig	елу бір	[ely bɪr]
tweeënvijftig	елу екі	[ely ekɪ]
drieënvijftig	елу үш	[ely uʃ]

zestig	алпыс	[alpɪs]
eenenzestig	алпыс бір	[alpɪs bɪr]
tweeënzestig	алпыс екі	[alpɪs ekɪ]
drieënzestig	алпыс үш	[alpɪs juʃ]

zeventig	жетпіс	[ʒetpɪs]
eenenzeventig	жетпіс бір	[ʒetpɪs bɪr]
tweeënzeventig	жетпіс екі	[ʒetpɪs ekɪ]
drieënzeventig	жетпіс үш	[ʒetpɪs juʃ]

tachtig	сексен	[seksen]
eenentachtig	сексен бір	[seksen bɪr]
tweeëntachtig	сексен екі	[seksen ekɪ]
drieëntachtig	сексен үш	[seksen juʃ]

negentig	тоқсан	[tɔqsan]
eenennegentig	тоқсан бір	[tɔqsan bɪr]
tweeënnegentig	тоқсан екі	[tɔqsan ekɪ]
drieënnegentig	тоқсан үш	[tɔqsan juʃ]

4. Kardinale getallen. Deel 2

honderd	жүз	[ʒyz]
tweehonderd	екі жүз	[ekɪ ʒyz]
driehonderd	үш жүз	[juʃ ʒyz]
vierhonderd	төрт жүз	[tørt ʒyz]
vijfhonderd	бес жүз	[bes ʒyz]

zeshonderd	алты жүз	[altɪ ʒyz]
zevenhonderd	жеті жүз	[ʒetɪ ʒyz]
achthonderd	сегіз жүз	[segɪz ʒyz]
negenhonderd	тоғыз жүз	[tɔɣɪz ʒyz]

duizend	мың	[mɪŋ]
tweeduizend	екі мың	[ekɪ mɪŋ]
drieduizend	үш мың	[juʃ mɪŋ]
tienduizend	он мың	[ɔn mɪŋ]
honderdduizend	жүз мың	[ʒyz mɪŋ]
miljoen (het)	миллион	[mɪllɪɔn]
miljard (het)	миллиард	[mɪllɪard]

5. Getallen. Breuken

breukgetal (het)	бөлшек	[bølʃæk]
half	екіден бір	[ekɪden bɪr]
een derde	үштен бір	[juʃten bɪr]
kwart	төрттен бір	[tørtten bɪr]
een achtste	сегізден бір	[segɪzden bɪr]

een tiende	оннан бір	[ɔŋan bɪr]
twee derde	үштен екі	[juʃten ekɪ]
driekwart	төрттен үш	[tørtten juʃ]

6. Getallen. Eenvoudige berekeningen

aftrekking (de)	азайту	[azajtw]
aftrekken (ww)	алу	[alw]
deling (de)	бөлү	[bøly]
delen (ww)	бөлү	[bøly]

optelling (de)	қосу	[qɔsw]
erbij optellen (bij elkaar voegen)	қосу	[qɔsw]
optellen (ww)	қосу	[qɔsw]
vermenigvuldiging (de)	көбейту	[købejtw]
vermenigvuldigen (ww)	көбейту	[købejtw]

7. Getallen. Diversen

cijfer (het)	сан	[san]
nummer (het)	сан	[san]
telwoord (het)	сан есім	[san esɪm]
minteken (het)	алу белгісі	[alw belgɪsɪ]

| plusteken (het) | қосу белгісі | [qɔsw belgɪsɪ] |
| formule (de) | формула | [fɔrmwla] |

| berekening (de) | есептеп шығару | [eseptep ʃɪɣarw] |
| tellen (ww) | санау | [sanaw] |

| bijrekenen (ww) | есептеу | [eseptew] |
| vergelijken (ww) | салыстыру | [salɪstɪrw] |

Hoeveel? (ontelb.)	Неше?	[neʃæ]
Hoeveel? (telb.)	Қанша?	[qanʃa]
som (de), totaal (het)	қосынды	[qɔsɪndɪ]

| uitkomst (de) | қорытынды | [qɔrɪtɪndɪ] |
| rest (de) | қалдық | [qaldɪq] |

enkele (bijv. ~ minuten)	бірнеше	[bɪrneʃæ]
weinig (bw)	көп емес ...	[køp emes]
restant (het)	қалғаны	[qalɣanɪ]

| anderhalf | бір жарым | [bɪr ʒarɪm] |
| dozijn (het) | дожна | [dɔʒna] |

middendoor (bw)	қақ бөліп	[qaq bølɪp]
even (bw)	бірдей бөлү	[bɪrdej bøly]
helft (de)	жарты	[ʒartɪ]
keer (de)	рет	[ret]

8. De belangrijkste werkwoorden. Deel 1

aanbevelen (ww)	кеңес беру	[keŋes berw]
aandringen (ww)	кеуделеу	[kewdelew]
aankomen (per auto, enz.)	келу	[kelw]
aanraken (ww)	қозғау	[qozɣaw]
adviseren (ww)	кеңес беру	[keŋes berw]

afdalen (on.ww.)	түсу	[tysw]
afslaan (naar rechts ~)	бұру	[burw]
antwoorden (ww)	жауап беру	[ʒawap berw]
bang zijn (ww)	қорқу	[qɔrqw]
bedreigen (bijv. met een pistool)	қорқыту	[qɔrqɪtw]

bedriegen (ww)	алдау	[aldaw]
beëindigen (ww)	бітіру	[bɪtɪrw]
beginnen (ww)	бастау	[bastaw]
begrijpen (ww)	түсіну	[tysɪnw]
beheren (managen)	басқару	[basqarw]
beledigen (met scheldwoorden)	қорлау	[qɔrlaw]
beloven (ww)	уәде беру	[wæde berw]
bereiden (koken)	әзірлеу	[æzɪrlew]
bespreken (spreken over)	талқылау	[talqɪlaw]

bestellen (eten ~)	жасату	[ʒasatw]
bestraffen (een stout kind ~)	жазалау	[ʒazalaw]
betalen (ww)	төлеу	[tølew]
betekenen (beduiden)	білдіру	[bɪʌdɪrw]
betreuren (ww)	өкіну	[økɪnw]
bevallen (prettig vinden)	ұнау	[unaw]
bevelen (mil.)	бұйыру	[bujɪrw]
bevrijden (stad, enz.)	босату	[bɔsatw]
bewaren (ww)	сақтау	[saqtaw]
bezitten (ww)	ие болу	[ɪe bɔlw]

bidden (praten met God)	сиыну	[sɪːnw]
binnengaan (een kamer ~)	кіру	[kɪrw]
breken (ww)	сындыру	[sɪndɪrw]
controleren (ww)	бақылау	[baqɪlaw]
creëren (ww)	құру	[qurw]

deelnemen (ww)	қатысу	[qatɪsw]
denken (ww)	ойлану	[ɔjlanw]
doden (ww)	өлтіру	[øltɪrw]
doen (ww)	жасау	[ʒasaw]
dorst hebben (ww)	шөлдеу	[ʃøldew]

9. De belangrijkste werkwoorden. Deel 2

een hint geven	тұспалдау	[tuspaldaw]
eisen (met klem vragen)	талап ету	[talap etw]

excuseren (vergeven)	кешіру	[keʃɪrw]
existeren (bestaan)	тіршілік ету	[tɪrʃɪlɪk etw]
gaan (te voet)	жүру	[ʒyrw]
gaan zitten (ww)	отыру	[ɔtɪrw]
gaan zwemmen	шомылу	[ʃɔmɪlw]
geven (ww)	беру	[berw]
glimlachen (ww)	күлімдеу	[kylɪmdew]
goed raden (ww)	шешу	[ʃæʃw]
grappen maken (ww)	әзілдеу	[æzɪldew]
graven (ww)	қазу	[qɑzw]
hebben (ww)	өзінде бар болу	[øzɪnde bɑr bɔlw]
helpen (ww)	көмектесу	[kømektesw]
herhalen (opnieuw zeggen)	қайталау	[qɑjtɑlɑw]
honger hebben (ww)	жегісі келу	[ʒegɪsɪ kelw]
hopen (ww)	үміттену	[jumɪttenw]
horen (waarnemen met het oor)	есту	[estw]
huilen (wenen)	жылау	[ʒɪlɑw]
huren (huis, kamer)	жалға алу	[ʒɑlɣɑ ɑlw]
informeren (informatie geven)	мәлімдеу	[mælɪmdew]
instemmen (akkoord gaan)	көну	[kønw]
jagen (ww)	аулау	[ɑwlɑw]
kennen (kennis hebben van iemand)	білу	[bɪlw]
kiezen (ww)	таңдау	[tɑŋdɑw]
klagen (ww)	арыздану	[ɑrɪzdɑnw]
kosten (ww)	тұру	[tʊrw]
kunnen (ww)	істей алу	[ɪstej ɑlw]
lachen (ww)	күлу	[kylw]
laten vallen (ww)	түсіру	[tysɪrw]
lezen (ww)	оқу	[ɔqw]
liefhebben (ww)	жақсы көру	[ʒɑqsɪ kørw]
lunchen (ww)	түскі тамақ жеу	[tyskɪ tɑmɑq ʒew]
nemen (ww)	алу	[ɑlw]
nodig zijn (ww)	керек болу	[kerek bɔlw]

10. De belangrijkste werkwoorden. Deel 3

onderschatten (ww)	бағаламау	[bɑɣɑlɑmɑw]
ondertekenen (ww)	қол қою	[qɔl qɔju]
ontbijten (ww)	ертеңгі тамақты ішу	[erteŋgɪ tɑmɑqtɪ ɪʃw]
openen (ww)	ашу	[ɑʃw]
ophouden (ww)	доғару	[dɔɣɑrw]
opmerken (zien)	байқап қалу	[bɑjqɑp qɑlw]
opscheppen (ww)	мақтану	[mɑqtɑnw]
opschrijven (ww)	жазу	[ʒɑzw]

plannen (ww)	жоспарлау	[ʒɔsparlaw]
prefereren (verkiezen)	артық көру	[artıq kørw]
proberen (trachten)	байқап көру	[bajqap kørw]
redden (ww)	құтқару	[qʊtqarw]

rekenen op ...	үміт арту ...	[jumıt artw]
rennen (ww)	жүгіру	[ʒygırw]
reserveren (een hotelkamer ~)	кейінге сақтау	[kejıŋe saqtaw]
roepen (om hulp)	жәрдемге шақыру	[ʒærdemge ʃaqırw]
schieten (ww)	ату	[atw]
schreeuwen (ww)	айғайлау	[ajɣajlaw]

schrijven (ww)	жазу	[ʒazw]
souperen (ww)	кешкі тамақ ішу	[keʃkı tamaq ıʃw]
spelen (kinderen)	ойнау	[ɔjnaw]
spreken (ww)	сөйлесу	[søjlesw]
stelen (ww)	ұрлау	[ʊrlaw]
stoppen (pauzeren)	тоқтау	[toqtaw]

studeren (Nederlands ~)	зерттеу	[zerttew]
sturen (zenden)	жөнелту	[ʒøneltw]
tellen (optellen)	санау	[sanaw]
toebehoren ...	меншігі болу	[menʃıgı bɔlw]
toestaan (ww)	рұқсат ету	[rʊqsat etw]
tonen (ww)	көрсету	[kørsetw]

twijfelen (onzeker zijn)	шүбәлану	[ʃybælanw]
uitgaan (ww)	шығу	[ʃıɣw]
uitnodigen (ww)	шақыру	[ʃaqırw]
uitspreken (ww)	айту	[ajtw]
uitvaren tegen (ww)	ұрсу	[ʊrsw]

11. De belangrijkste werkwoorden. Deel 4

vallen (ww)	құлау	[qʊlaw]
vangen (ww)	ұстау	[ʊstaw]
veranderen (anders maken)	өзгерту	[øzgertw]
verbaasd zijn (ww)	таңдану	[taŋdanw]
verbergen (ww)	жасыру	[ʒasırw]

verdedigen (je land ~)	қорғау	[qɔrɣaw]
verenigen (ww)	біріктіру	[bırıktıry]
vergelijken (ww)	салыстыру	[salıstırw]
vergeten (ww)	ұмыту	[ʊmıtw]
vergeven (ww)	кешіру	[keʃırw]

verklaren (uitleggen)	түсіндіру	[tysındırw]
verkopen (per stuk ~)	сату	[satw]
vermelden (praten over)	атау	[ataw]
versieren (decoreren)	әсемдеу	[æsemdew]
vertalen (ww)	аудару	[awdarw]
vertrouwen (ww)	сену	[senw]
vervolgen (ww)	жалғастыру	[ʒalɣastırw]

verwarren (met elkaar ~)	қателесу	[qatelesw]
verzoeken (ww)	сұрау	[sʊraw]
verzuimen (school, enz.)	өткізу	[øtkɯzw]

vinden (ww)	табу	[tabw]
vliegen (ww)	ұшу	[ʊʃw]
volgen (ww)	артынан еру	[artɯnan erw]
voorstellen (ww)	ұсыну	[ʊsɯnw]
voorzien (verwachten)	алдағыны болжап білу	[aldaɣɯnɯ boʒap bɯlw]
vragen (ww)	сұрау	[sʊraw]

waarnemen (ww)	бақылау	[baqɯlaw]
waarschuwen (ww)	ескерту	[eskertw]
wachten (ww)	тосу	[tɔsw]
weerspreken (ww)	қарсы айту	[qarsɯ ajtw]
weigeren (ww)	бас тарту	[bas tartw]

werken (ww)	жұмыс істеу	[ʒʊmɯs ɯstew]
weten (ww)	білу	[bɯlw]
willen (verlangen)	тілеу	[tɯlew]
zeggen (ww)	айту	[ajtw]
zich haasten (ww)	асығу	[asɯɣw]

zich interesseren voor …	көңіл қою	[køŋɯl qɔju]
zich vergissen (ww)	қателесу	[qatelesw]
zich verontschuldigen	кешірім сұрау	[keʃɯrɯm sʊraw]
zien (ww)	көру	[kørw]

zijn (ww)	болу	[bɔlw]
zoeken (ww)	іздеу	[ɯzdew]
zwemmen (ww)	жүзу	[ʒyzw]
zwijgen (ww)	үндемеу	[jundemew]

12. Kleuren

kleur (de)	түс	[tys]
tint (de)	түс	[tys]
kleurnuance (de)	түс	[tys]
regenboog (de)	кемпірқосақ	[kempɯrqɔsaq]

wit (bn)	ақ	[aq]
zwart (bn)	қара	[qara]
grijs (bn)	сұр	[sʊr]

groen (bn)	жасыл	[ʒasɯl]
geel (bn)	сары	[sarɯ]
rood (bn)	қызыл	[qɯzɯl]

blauw (bn)	көк	[køk]
lichtblauw (bn)	көгілдір	[køgɯʎdɯr]
roze (bn)	қызғылт	[qɯzɣɯlt]
oranje (bn)	сарғылт	[sarɣɯlt]
violet (bn)	күлгін	[kylgɯn]
bruin (bn)	қоңыр	[qɔŋɯr]

| goud (bn) | алтын | [altın] |
| zilverkleurig (bn) | күміс түсті | [kymıs tystı] |

beige (bn)	ақшыл сары	[aqʃıl sarı]
roomkleurig (bn)	ақшыл сары	[aqʃıl sarı]
turkoois (bn)	көк	[køk]
kersrood (bn)	шие түсті	[ʃie tystı]
lila (bn)	ақшыл көк	[aqʃıl køk]
karmijnrood (bn)	қызыл күрең	[qızıl kyreŋ]

licht (bn)	ашық	[aʃıq]
donker (bn)	қоңыр	[qoŋır]
fel (bn)	айқын	[ajqın]

kleur-, kleurig (bn)	түрлі-түсті	[tyrlı tystı]
kleuren- (abn)	түрлі-түсті	[tyrlı tystı]
zwart-wit (bn)	қара-ала	[qara ala]
eenkleurig (bn)	бір түсті	[bır tystı]
veelkleurig (bn)	алабажақ	[alabaʒaq]

13. Vragen

Wie?	Кім?	[kım]
Wat?	Не?	[ne]
Waar?	Қайда?	[qajda]
Waarheen?	Қайда?	[qajda]
Waar ... vandaan?	Қайдан?	[qajdan]
Wanneer?	Қашан?	[qaʃan]
Waarom?	Неге?	[nege]
Waarom?	Неге?	[nege]

Waarvoor dan ook?	Не үшін?	[ne juʃın]
Hoe?	Қалай?	[qalaj]
Wat voor ...?	Қандай?	[qandaj]
Welk?	Нешінші?	[neʃınʃı]

Aan wie?	Кімге?	[kımge]
Over wie?	Кім туралы?	[kım twralı]
Waarover?	Не жөнінде?	[ne ʒønınde]
Met wie?	Кіммен?	[kımmen]

| Hoeveel? (telb.) | Қанша? | [qanʃa] |
| Van wie? (mann.) | Кімнің? | [kımnıŋ] |

14. Functiewoorden. Bijwoorden. Deel 1

Waar?	Қайда?	[qajda]
hier (bw)	осында	[osında]
daar (bw)	онда	[onda]

| ergens (bw) | әлде қайда | [æʎde qajda] |
| nergens (bw) | еш жерде | [eʃ ʒerde] |

bij ... (in de buurt)	қасында	[qasında]
bij het raam	терезеніңқасында	[terezeniŋqasında]

Waarheen?	Қайда?	[qajda]
hierheen (bw)	мұнда	[mʊnda]
daarheen (bw)	онда	[ɔnda]
hiervandaan (bw)	осы жерден	[ɔsı ʒerdeŋ]
daarvandaan (bw)	ол жақтан	[ɔl ʒaqtan]

dichtbij (bw)	жақын	[ʒaqın]
ver (bw)	алыс	[alıs]

in de buurt (van ...)	қасында	[qasında]
vlakbij (bw)	жақын	[ʒaqın]
niet ver (bw)	алыс емес	[alıs emes]

linker (bn)	сол	[sɔl]
links (bw)	сол жақтан	[sɔl ʒaqtan]
linksaf, naar links (bw)	солға	[sɔlɣa]

rechter (bn)	оң	[ɔŋ]
rechts (bw)	оң жақтан	[ɔŋ ʒaqtan]
rechtsaf, naar rechts (bw)	оңға	[ɔŋɣa]

vooraan (bw)	алдынан	[aldınan]
voorste (bn)	алдыңғы	[aldıŋɣı]
vooruit (bw)	алға	[alɣa]

achter (bw)	артынан	[artınan]
van achteren (bw)	артынан	[artınan]
achteruit (naar achteren)	кейін	[kejın]

midden (het)	орта	[ɔrta]
in het midden (bw)	ортасында	[ɔrtasında]

opzij (bw)	бір бүйірден	[bır byjırden]
overal (bw)	барлық жерде	[barlıq ʒerde]
omheen (bw)	айнала	[ajnala]

binnenuit (bw)	іштен	[ıʃten]
naar ergens (bw)	әлдеқайда	[ældeqajda]
rechtdoor (bw)	тура	[twra]
terug (bijv. ~ komen)	кері	[kerı]

ergens vandaan (bw)	қайдан болсада	[qajdan bɔlsada]
ergens vandaan (en dit geld moet ~ komen)	қайдан болсада	[qajdan bɔlsada]

ten eerste (bw)	біріншіден	[bırınʃiden]
ten tweede (bw)	екіншіден	[ekınʃiden]
ten derde (bw)	үшіншіден	[juʃınʃiden]

plotseling (bw)	кенет	[kenet]
in het begin (bw)	басында	[basında]
voor de eerste keer (bw)	алғаш	[alɣaʃ]
lang voor ... (bw)	көп бұрын ...	[køp bʊrın]

| opnieuw (bw) | жаңадан | [ʒaŋadan] |
| voor eeuwig (bw) | мәңгі-бақи | [mæŋɡɪ baqɪ] |

nooit (bw)	еш уақытта	[eʃ waqɪtta]
weer (bw)	тағы	[taɣɪ]
nu (bw)	енді	[endɪ]
vaak (bw)	жиі	[ʒiː]
toen (bw)	сол кезде	[sɔl kezde]
urgent (bw)	жедел	[ʒedel]
meestal (bw)	әдетте	[ædette]

trouwens, ... (tussen haakjes)	айтпақшы	[ajtpaqʃɪ]
mogelijk (bw)	мүмкін	[mymkɪn]
waarschijnlijk (bw)	мүмкін	[mymkɪn]
misschien (bw)	мүмкін	[mymkɪn]
trouwens (bw)	одан басқа ...	[ɔdan basqa]
daarom ...	сондықтан	[sɔndɪqtan]
in weerwil van ...	қарамастан ...	[qaramastan]
dankzij ...	арқасында ...	[arqasɪnda]

wat (vn)	не	[ne]
dat (vw)	не	[ne]
iets (vn)	осы	[ɔsɪ]
iets	бір нәрсе	[bɪr nærse]
niets (vn)	ештеңе	[eʃteŋe]

wie (~ is daar?)	кім	[kɪm]
iemand (een onbekende)	кейбіреу	[kejbɪrew]
iemand (een bepaald persoon)	біреу	[bɪrew]

niemand (vn)	ешкім	[eʃkɪm]
nergens (bw)	ешқайда	[eʃqajda]
niemands (bn)	ешкімнің	[eʃkɪmnɪŋ]
iemands (bn)	біреудің	[bɪrewdɪŋ]

zo (Ik ben ~ blij)	солай	[sɔlaj]
ook (evenals)	дәл осындай	[dæl ɔsɪndaj]
alsook (eveneens)	да, де	[da], [de]

15. Functiewoorden. Bijwoorden. Deel 2

Waarom?	Here?	[nege]
om een bepaalde reden	неге екені белгісіз	[nege ekenɪ belgɪsɪz]
omdat ...	өйткені ...	[ɛjtkenɪ]
voor een bepaald doel	бірдеңеге	[bɪrdeŋege]

en (vw)	және	[ʒæne]
of (vw)	немесе	[nemese]
maar (vw)	бірақ	[bɪraq]
voor (vz)	үшін	[juʃɪn]
te (~ veel mensen)	тым	[tɪm]
alleen (bw)	тек қана	[tek qana]

precies (bw)	дәл	[dæl]
ongeveer (~ 10 kg)	жуық	[ʒwıq]
omstreeks (bw)	шамамен	[ʃamamen]
bij benadering (bn)	шамасында	[ʃamasında]
bijna (bw)	дерлік	[derlık]
rest (de)	қалғаны	[qalɣanı]
elk (bn)	әр	[ær]
om het even welk	әрбіреу	[ærbırew]
veel (grote hoeveelheid)	көп	[køp]
veel mensen	көптеген	[køptegen]
iedereen (alle personen)	бүкіл	[bykıl]
in ruil voor ...	айырбастау ...	[ajırbastaw]
in ruil (bw)	орнына	[ornına]
met de hand (bw)	қолмен	[qolmen]
onwaarschijnlijk (bw)	күдікті	[kydıktı]
waarschijnlijk (bw)	сірә	[sıræ]
met opzet (bw)	әдейі	[ædejı]
toevallig (bw)	кездейсоқ	[kezdejsɔq]
zeer (bw)	өте	[øte]
bijvoorbeeld (bw)	мысалы	[mısalı]
tussen (~ twee steden)	арасында	[arasında]
tussen (te midden van)	арасында	[arasında]
zoveel (bw)	мұнша	[mʊnʃa]
vooral (bw)	әсіресе	[æsırese]

Basisbegrippen Deel 2

16. Dagen van de week

maandag (de)	дүйсенбі	[dyjsenbı]
dinsdag (de)	сейсенбі	[sejsenbı]
woensdag (de)	сәрсенбі	[særsenbı]
donderdag (de)	бейсенбі	[bejsenbı]
vrijdag (de)	жұма	[ʒuma]
zaterdag (de)	сенбі	[senbı]
zondag (de)	жексенбі	[ʒeksenbı]
vandaag (bw)	бүгін	[bygın]
morgen (bw)	ертең	[erteŋ]
overmorgen (bw)	бүрсігүні	[byrsıgunı]
gisteren (bw)	кеше	[keʃæ]
eergisteren (bw)	алдыңғы күні	[aldıŋɣı kynı]
dag (de)	күн	[kyn]
werkdag (de)	жұмыс күні	[ʒumıs kynı]
feestdag (de)	мерекелік күн	[merekelık kyn]
verlofdag (de)	демалыс күні	[demalıs kynı]
weekend (het)	демалыс	[demalıs]
de hele dag (bw)	күні бойы	[kynı bɔjı]
de volgende dag (bw)	ертесіне	[ertesıne]
twee dagen geleden	екі күн кері	[ekı kyn kerı]
aan de vooravond (bw)	қарсаңында	[qarsaŋında]
dag-, dagelijks (bn)	күнделікті	[kyndelıktı]
elke dag (bw)	күнбе-күн	[kynbe kun]
week (de)	апта	[apta]
vorige week (bw)	өткен жұмада	[øtken ʒumada]
volgende week (bw)	келесі жұмада	[kelesı ʒumada]
wekelijks (bn)	апталық	[aptalıq]
elke week (bw)	апта сайын	[apta sajın]
twee keer per week	жұмада екі рет	[ʒumada ekı ret]
elke dinsdag	сейсенбі сайын	[sejsenbı sajın]

17. Uren. Dag en nacht

morgen (de)	таң	[taŋ]
's morgens (bw)	таңертеңгілік	[taŋerteŋgılık]
middag (de)	тал түс	[tal tys]
's middags (bw)	түстен кейін	[tysten kejın]
avond (de)	кеш	[keʃ]
's avonds (bw)	кешке	[keʃke]

nacht (de)	түн	[tyn]
's nachts (bw)	түнде	[tynde]
middernacht (de)	түн жарымы	[tyn ʒarımı]

seconde (de)	секунд	[sekwnd]
minuut (de)	минут	[mınwt]
uur (het)	сағат	[saɣat]
halfuur (het)	жарты сағат	[ʒartı saɣat]
kwartier (het)	он бес минут	[ɔn bes mınwt]
vijftien minuten	он бес минут	[ɔn bes mınwt]
etmaal (het)	тәулік	[tæwlık]

zonsopgang (de)	күннің шығуы	[kynıŋ ʃıɣwı]
dageraad (de)	таң ату	[taŋ atw]
vroege morgen (de)	азан	[azan]
zonsondergang (de)	күннің батуы	[kynıŋ batwı]

's morgens vroeg (bw)	таңертең	[taŋerteŋ]
vanmorgen (bw)	бүгін ертеңмен	[bygın erteŋmen]
morgenochtend (bw)	ертеңертеңгісін	[erteŋ erteŋgısın]
vanmiddag (bw)	бүгін күндіз	[bygın kyndız]
's middags (bw)	түстен кейін	[tysten kejın]
morgenmiddag (bw)	ертең түстен кейін	[erteŋ tysten kejın]
vanavond (bw)	бүгін кешке	[bygın keʃke]
morgenavond (bw)	ертең кешке	[erteŋ keʃke]

klokslag drie uur	сағат дәл үште	[saɣat dæl juʃte]
ongeveer vier uur	сағат төртке қарай	[saɣat tørtke qaraj]
tegen twaalf uur	сағат он екіге қарай	[saɣat ɔn ekıge qaraj]

over twintig minuten	жиырма минуттан соң	[ʒı:rma mınwttan sɔŋ]
over een uur	бір сағаттан соң	[bır saɣattan sɔŋ]
op tijd (bw)	дәл кезінде	[dæl kezınde]

kwart voor ...	он бес минутсыз	[ɔn bes mınwtsız]
binnen een uur	сағат бойында	[saɣat bɔjında]
elk kwartier	әр он бес минут сайын	[ær ɔn bes mınwt sajın]
de klok rond	тәулік бойы	[tæwlık bɔjı]

18. Maanden. Seizoenen

januari (de)	қаңтар	[qaŋtar]
februari (de)	ақпан	[aqpan]
maart (de)	наурыз	[nawrız]
april (de)	сәуір	[sæwır]
mei (de)	мамыр	[mamır]
juni (de)	маусым	[mawsım]

juli (de)	шілде	[ʃılde]
augustus (de)	тамыз	[tamız]
september (de)	қыркүйек	[qırkyjek]
oktober (de)	қазан	[qazan]
november (de)	қараша	[qaraʃa]
december (de)	желтоқсан	[ʒeltɔqsan]

lente (de)	көктем	[køktem]
in de lente (bw)	көктемде	[køktemde]
lente- (abn)	көктемгі	[køktemgı]

zomer (de)	жаз	[ʒɑz]
in de zomer (bw)	жазда	[ʒɑzdɑ]
zomer-, zomers (bn)	жазғы	[ʒɑzɣı]

herfst (de)	күз	[kyz]
in de herfst (bw)	күзде	[kyzde]
herfst- (abn)	күздік	[kyzdık]

winter (de)	қыс	[qıs]
in de winter (bw)	қыста	[qıstɑ]
winter- (abn)	қысқы	[qısqı]

maand (de)	ай	[aj]
deze maand (bw)	осы айда	[ɔsı ajda]
volgende maand (bw)	келесі айда	[kelesı ajda]
vorige maand (bw)	өткен айда	[øtken ajda]

een maand geleden (bw)	бір ай кері	[bır aj kerı]
over een maand (bw)	бір айдан кейін	[bır ajdan kejın]
over twee maanden (bw)	екі айдан кейін	[ekı ajdan kejın]
de hele maand (bw)	ай бойы	[aj bɔjı]
een volle maand (bw)	ай бойы	[aj bɔjı]

maand-, maandelijks (bn)	ай сайынғы	[aj sajınɣı]
maandelijks (bw)	ай сайын	[aj sajın]
elke maand (bw)	әр айда	[ær ajda]
twee keer per maand	айда екі рет	[ajda ekı ret]

jaar (het)	жыл	[ʒıl]
dit jaar (bw)	биылғы	[bı:lɣı]
volgend jaar (bw)	келесіжылы	[kelesıʒılı]
vorig jaar (bw)	өткен жылы	[øtken ʒılı]

een jaar geleden (bw)	алдынғы жылы	[aldınɣı ʒılı]
over een jaar	бір жылдан кейін	[bır ʒıldan kejın]
over twee jaar	екі жылдан кейін	[ekı ʒıldan kejın]
het hele jaar	жыл бойы	[ʒıl bɔjı]
een vol jaar	жыл бойы	[ʒıl bɔjı]

elk jaar	әр жыл сайын	[ær ʒıl sajın]
jaar-, jaarlijks (bn)	жыл сайынғы	[ʒıl sajınɣı]
jaarlijks (bw)	жыл сайын	[ʒıl sajın]
4 keer per jaar	жылына төрт рет	[ʒılına tørt ret]

datum (de)	сан	[san]
datum (de)	дата	[data]
kalender (de)	күнтізбе	[kyntızbe]

een half jaar	жарты жыл	[ʒartı ʒıl]
zes maanden	жарты жылдық	[ʒartı ʒıldıq]
seizoen (bijv. lente, zomer)	маусым	[mawsım]
eeuw (de)	ғасыр	[ɣasır]

19. Tijd. Diversen

tijd (de)	уақыт	[waqıt]
ogenblik (het)	сәт	[sæt]
moment (het)	кірпік қағыс	[kırpık qayıs]
ogenblikkelijk (bn)	көз ілеспейтін	[køz ılespejtın]
tijdsbestek (het)	уақыт бөлігі	[waqıt bølıgı]
leven (het)	өмір	[ømır]
eeuwigheid (de)	мәңгілік	[mæŋgılık]

epoche (de), tijdperk (het)	дәуір	[dæwır]
era (de), tijdperk (het)	кезең	[kezeŋ]
cyclus (de)	цикл	[tsıkl]
periode (de)	уақыт кезеңінде	[waqıt kezeŋınde]
termijn (vastgestelde periode)	мерзім	[merzım]

toekomst (de)	келешек	[keleʃæk]
toekomstig (bn)	келешек	[keleʃæk]
de volgende keer	келесі жолы	[kelesı ʒolı]
verleden (het)	өткен	[øtken]
vorig (bn)	болған	[bolyan]
de vorige keer	өткен жолы	[øtken ʒolı]

later (bw)	кейін	[kejın]
na (~ het diner)	кейін	[kejın]
tegenwoordig (bw)	қазір	[qazır]
nu (bw)	қазір	[qazır]
onmiddellijk (bw)	дереу	[derew]
snel (bw)	жуық арада	[ʒwıq arada]
bij voorbaat (bw)	ертерек	[erterek]

lang geleden (bw)	бұрын	[burın]
kort geleden (bw)	жақында	[ʒaqında]
noodlot (het)	тағдыр	[taydır]
herinneringen (mv.)	ес	[es]
archief (het)	мұрағат	[murayat]

tijdens ... (ten tijde van)	... уақытында	[waqıtında]
lang (bw)	ұзақ	[uzaq]
niet lang (bw)	ұзақ емес	[uzaq emes]
vroeg (bijv. ~ in de ochtend)	ерте	[erte]
laat (bw)	кеш	[keʃ]

voor altijd (bw)	мәңгі бақи	[mæŋgı baqı]
beginnen (ww)	бастау	[bastaw]
uitstellen (ww)	көшіру	[køʃırw]

tegelijkertijd (bw)	біржолы	[bırʒolı]
voortdurend (bw)	үнемі	[junemı]
constant (bijv. ~ lawaai)	тұрақты	[turaqtı]
tijdelijk (bn)	уақытша	[waqıtʃa]

soms (bw)	кейде	[kejde]
zelden (bw)	сирек	[sırek]
vaak (bw)	жиі	[ʒı:]

20. Tegenovergestelden

| rijk (bn) | бай | [baj] |
| arm (bn) | кедей | [kedej] |

| ziek (bn) | ауру | [awrw] |
| gezond (bn) | дені сау | [denı saw] |

| groot (bn) | үлкен | [julken] |
| klein (bn) | кішкентай | [kıʃkentaj] |

| snel (bw) | тез | [tez] |
| langzaam (bw) | ақырын | [aqırın] |

| snel (bn) | шапшаң | [ʃapʃaŋ] |
| langzaam (bn) | баяу | [bajaw] |

| vrolijk (bn) | жайдары | [ʒajdarı] |
| treurig (bn) | қайғылы | [qajɣılı] |

| samen (bw) | бірге | [bırge] |
| apart (bw) | жеке | [ʒeke] |

| hardop (~ lezen) | дауыстап | [dawıstap] |
| stil (~ lezen) | іштен | [ıʃten] |

| hoog (bn) | биік | [bıːk] |
| laag (bn) | төмен | [tømen] |

| diep (bn) | терең | [tereŋ] |
| ondiep (bn) | таяз | [tajaz] |

| ja | иә | [ıæ] |
| nee | жоқ | [ʒɔq] |

| ver (bn) | алыс | [alıs] |
| dicht (bn) | жақын | [ʒaqın] |

| ver (bw) | алысқа | [alısqa] |
| dichtbij (bw) | катар | [katar] |

| lang (bn) | ұзын | [ʊzın] |
| kort (bn) | қысқа | [qısqa] |

| vriendelijk (goedhartig) | мейірімді | [mejırımdı] |
| kwaad (bn) | қатал | [qatal] |

| gehuwd (mann.) | үйленген | [jujleŋen] |
| ongehuwd (mann.) | бойдақ | [bɔjdaq] |

| verbieden (ww) | тыйым салу | [tıjım salw] |
| toestaan (ww) | рұқсат беру | [rʊqsat berw] |

| einde (het) | соңы | [sɔŋı] |
| begin (het) | басы | [basɪ] |

| linker (bn) | сол | [sɔl] |
| rechter (bn) | оң | [ɔŋ] |

| eerste (bn) | бірінші | [bırınʃı] |
| laatste (bn) | ақырғы | [aqırɣı] |

| misdaad (de) | қылмыс | [qılmıs] |
| bestraffing (de) | жаза | [ʒaza] |

| bevelen (ww) | бұйыру | [bʊjırw] |
| gehoorzamen (ww) | илігу | [ılıgw] |

| recht (bn) | тік | [tık] |
| krom (bn) | қисық | [qısıq] |

| paradijs (het) | жұмақ | [ʒʊmaq] |
| hel (de) | тозақ | [tɔzaq] |

| geboren worden (ww) | туу | [tww] |
| sterven (ww) | қайтыс болу | [qajtıs bɔlw] |

| sterk (bn) | күшті | [kyʃtı] |
| zwak (bn) | әлсіз | [æʌsız] |

| oud (bn) | кәрі | [kærı] |
| jong (bn) | жас | [ʒas] |

| oud (bn) | ескі | [eskı] |
| nieuw (bn) | жаңа | [ʒaŋa] |

| hard (bn) | қатты | [qattı] |
| zacht (bn) | жұмсақ | [ʒʊmsaq] |

| warm (bn) | жылы | [ʒılı] |
| koud (bn) | суық | [swıq] |

| dik (bn) | семіз | [semız] |
| dun (bn) | арық | [arıq] |

| smal (bn) | тар | [tar] |
| breed (bn) | кең | [keŋ] |

| goed (bn) | жақсы | [ʒaqsı] |
| slecht (bn) | жаман | [ʒaman] |

| moedig (bn) | қайсар | [qajsar] |
| laf (bn) | қорқақ | [qɔrqaq] |

21. Lijnen en vormen

vierkant (het)	квадрат	[kvadrat]
vierkant (bn)	квадрат	[kvadrat]
cirkel (de)	дөңгелек	[døŋgelek]
rond (bn)	дөңгелек	[døŋgelek]

| driehoek (de) | үшбұрыш | [juʃbʊrɪʃ] |
| driehoekig (bn) | үш бұрышты | [juʃ bʊrɪʃtɪ] |

ovaal (het)	сопақ	[sɔpɑq]
ovaal (bn)	сопақ	[sɔpɑq]
rechthoek (de)	тікбұрыш	[tɪkbʊrɪʃ]
rechthoekig (bn)	тікбұрышты	[tɪkbʊrɪʃtɪ]

piramide (de)	пирамида	[pɪrɑmɪdɑ]
ruit (de)	қиық	[qɪ:q]
trapezium (het)	трапеция	[trɑpeʦɪjɑ]
kubus (de)	текше	[tekʃæ]
prisma (het)	призма	[prɪzmɑ]

omtrek (de)	дөңгелек	[døŋgelek]
bol, sfeer (de)	сфера	[sferɑ]
bal (de)	шар	[ʃɑr]
diameter (de)	диаметр	[dɪɑmetr]
straal (de)	радиус	[rɑdɪws]
omtrek (~ van een cirkel)	периметр	[perɪmetr]
middelpunt (het)	орта	[ɔrtɑ]

horizontaal (bn)	көлденең	[køʎdeneŋ]
verticaal (bn)	тік	[tɪk]
parallel (de)	параллель	[pɑrɑlleʎ]
parallel (bn)	параллель	[pɑrɑlleʎ]

lijn (de)	сызық	[sɪzɪq]
streep (de)	сызық	[sɪzɪq]
rechte lijn (de)	түзу	[tyzw]
kromme (de)	қисық сызық	[qɪjsɪq sɪzɪq]
dun (bn)	жіңішке	[ʒɪŋɪʃke]
omlijning (de)	контур	[kɔntwr]

snijpunt (het)	қиылысу	[qɪ:lɪsw]
rechte hoek (de)	тік бұрыш	[tɪk bʊrɪʃ]
segment (het)	бунақ	[bwnɑq]
sector (de)	сектор	[sektɔr]
zijde (de)	жақ	[ʒɑq]
hoek (de)	бұрыш	[bʊrɪʃ]

22. Meeteenheden

gewicht (het)	салмақ	[sɑlmɑq]
lengte (de)	ұзындық	[ʊzɪndɪq]
breedte (de)	ен	[en]
hoogte (de)	биіктік	[bɪ:ktɪk]

diepte (de)	тереңдік	[tereŋdɪk]
volume (het)	көлем	[kølem]
oppervlakte (de)	аумақ	[ɑwmɑq]

| gram (het) | грамм | [grɑmm] |
| milligram (het) | миллиграм | [mɪllɪgrɑm] |

kilogram (het)	килограмм	[kɪlɔgramm]
ton (duizend kilo)	тонна	[tɔŋa]
pond (het)	қадақ	[qadaq]
ons (het)	унция	[wnʦɪja]

meter (de)	метр	[metr]
millimeter (de)	миллиметр	[mɪllɪmetr]
centimeter (de)	сантиметр	[santɪmetr]
kilometer (de)	километр	[kɪlɔmetr]
mijl (de)	миля	[mɪʎa]

duim (de)	дюйм	[dyjm]
voet (de)	фут	[fwt]
yard (de)	ярд	[jard]

| vierkante meter (de) | шаршы метр | [ʃarʃɪ metr] |
| hectare (de) | гектар | [gektar] |

liter (de)	литр	[lɪtr]
graad (de)	градус	[gradws]
volt (de)	вольт	[vɔʎt]
ampère (de)	ампер	[amper]
paardenkracht (de)	ат күші	[at kyʃɪ]

hoeveelheid (de)	мөлшері	[mølʃærɪ]
een beetje …	аздап …	[azdap]
helft (de)	жарты	[ʒartɪ]
dozijn (het)	дожна	[dɔʒna]
stuk (het)	дана	[dana]

| afmeting (de) | көлем | [kølem] |
| schaal (bijv. ~ van 1 op 50) | масштаб | [masʃtab] |

minimaal (bn)	ең азы	[eŋ azɪ]
minste (bn)	ең кіші	[eŋ kɪʃɪ]
medium (bn)	орташа	[ɔrtaʃa]
maximaal (bn)	барынша көп	[barɪnʃa køp]
grootste (bn)	ең үлкен	[eŋ julken]

23. Containers

glazen pot (de)	банкі	[baŋkɪ]
blik (conserven~)	банкі	[baŋkɪ]
emmer (de)	шелек	[ʃælek]
ton (bijv. regenton)	бөшке	[bøʃke]

ronde waterbak (de)	леген	[legen]
tank (bijv. watertank-70-ltr)	бак	[bak]
heupfles (de)	құты	[qʊtɪ]
jerrycan (de)	канистр	[kanɪstr]
tank (bijv. ketelwagen)	цистерна	[ʦɪsterna]

| beker (de) | сапты аяқ | [saptɪ ajaq] |
| kopje (het) | шыны аяқ | [ʃɪnɪ ajaq] |

schoteltje (het)	табақша	[tabaqʃa]
glas (het)	стақан	[staqan]
wijnglas (het)	бокал	[bɔkal]
steelpan (de)	кастрөл	[kastrøl]

fles (de)	шөлмек	[ʃølmek]
flessenhals (de)	ауыз	[awɪz]

karaf (de)	графин	[grafɪn]
kruik (de)	көзе	[køze]
vat (het)	ыдыс	[ɪdɪs]
pot (de)	құмыра	[qʊmɪra]
vaas (de)	ваза	[vaza]

flacon (de)	шиша	[ʃiʃa]
flesje (het)	құты	[qʊtɪ]
tube (bijv. ~ tandpasta)	сықпалы сауыт	[sɪqpalɪ sawɪt]

zak (bijv. ~ aardappelen)	қап	[qap]
tasje (het)	пакет	[paket]
pakje (~ sigaretten, enz.)	десте	[deste]

doos (de)	қорап	[qɔrap]
kist (de)	жәшік	[ʒæʃik]
mand (de)	кәрзеңке	[kærzɪŋke]

24. Materialen

materiaal (het)	материал	[materɪal]
hout (het)	ағаш	[aɣ'aʃ]
houten (bn)	ағаш	[aɣ'aʃ]

glas (het)	шыны	[ʃɪnɪ]
glazen (bn)	шыны	[ʃɪnɪ]

steen (de)	тас	[tas]
stenen (bn)	тас	[tas]

plastic (het)	пластмасса	[plastmassa]
plastic (bn)	пластмасса	[plastmassa]

rubber (het)	резеңке	[rezeŋke]
rubber-, rubberen (bn)	резеңке	[rezeŋke]

stof (de)	мата	[mata]
van stof (bn)	матадан	[matadan]

papier (het)	қағаз	[qaɣaz]
papieren (bn)	қағаз	[qaɣaz]

karton (het)	картон	[kartɔn]
kartonnen (bn)	картон	[kartɔn]
polyethyleen (het)	полиэтилен	[pɔlɪɛtɪlen]
cellofaan (het)	целлофан	[ʦellɔfan]

multiplex (het)	жұқа тақтай	[ʒʊqa taqtaj]
porselein (het)	кәрлен	[kærlen]
porseleinen (bn)	кәрлен	[kærlen]
klei (de)	балшық	[balʃɩq]
klei-, van klei (bn)	балшықты	[balʃɩqtɩ]
keramiek (de)	керамика	[keramɩka]
keramieken (bn)	керамика	[keramɩka]

25. Metalen

metaal (het)	металл	[metall]
metalen (bn)	металл	[metall]
legering (de)	қорытпа	[qorɩtpa]

goud (het)	алтын	[altɩn]
gouden (bn)	алтын	[altɩn]
zilver (het)	күміс	[kymɩs]
zilveren (bn)	күміс	[kymɩs]

IJzer (het)	темір	[temɩr]
IJzeren (bn)	темір	[temɩr]
staal (het)	болат	[bɔlat]
stalen (bn)	болат	[bɔlat]
koper (het)	мыс	[mɩs]
koperen (bn)	мыс	[mɩs]

aluminium (het)	алюминий	[alymɩnɩj]
aluminium (bn)	алюминді	[alymɩndɩ]
brons (het)	қола	[qɔla]
bronzen (bn)	қола	[qɔla]

messing (het)	жез	[ʒez]
nikkel (het)	никель	[nɩkeʎ]
platina (het)	платина	[platɩna]
kwik (het)	сынап	[sɩnap]
tin (het)	қалайы	[qalajɩ]
lood (het)	қорғасын	[qɔrɣasɩn]
zink (het)	мырыш	[mɩrɩʃ]

MENS

Mens. Het lichaam

26. Mensen. Basisbegrippen

mens (de)	адам	[adam]
man (de)	еркек	[erkek]
vrouw (de)	әйел	[æjel]
kind (het)	бала	[bala]
meisje (het)	қыз бала	[qız bala]
jongen (de)	ұл бала	[ʊl bala]
tiener, adolescent (de)	жас өспірім	[ʒas øspırım]
oude man (de)	қарт	[qart]
oude vrouw (de)	кемпір	[kempır]

27. Menselijke anatomie

organisme (het)	ағза	[aɣza]
hart (het)	жүрек	[ʒyrek]
bloed (het)	қан	[qan]
slagader (de)	артерия	[arterija]
ader (de)	күретамыр	[kyretamır]
hersenen (mv.)	ми	[mı]
zenuw (de)	жүйке	[ʒyjke]
zenuwen (mv.)	жүйкелер	[ʒyjkeler]
wervel (de)	омыртқа	[ɔmırtqa]
ruggengraat (de)	омыртқа	[ɔmırtqa]
maag (de)	асқазан	[asqazan]
darmen (mv.)	ішектер	[ıʃækter]
darm (de)	ішек	[ıʃæk]
lever (de)	бауыр	[bawır]
nier (de)	бүйрек	[byjrek]
been (deel van het skelet)	сүйек	[syjek]
skelet (het)	сүлде	[sylde]
rib (de)	қабырға	[qabırɣa]
schedel (de)	бас сүйек	[bas syjek]
spier (de)	бұлшық ет	[bʊlʃıq et]
biceps (de)	бицепс	[bıtseps]
triceps (de)	трицепс	[trıtseps]
pees (de)	тарамыс	[taramıs]
gewricht (het)	жілік	[ʒılık]

longen (mv.)	өкпе	[økpe]
geslachtsorganen (mv.)	жыныс мүшелері	[ʒɯnɯs myʃæleri]
huid (de)	тері	[teri]

28. Hoofd

hoofd (het)	бас	[bas]
gezicht (het)	бет	[bet]
neus (de)	мұрын	[mʊrɯn]
mond (de)	ауыз	[awɯz]

oog (het)	көз	[køz]
ogen (mv.)	көз	[køz]
pupil (de)	қарашық	[qaraʃɯq]
wenkbrauw (de)	қас	[qas]
wimper (de)	кірпік	[kɯrpɯk]
ooglid (het)	қабақ	[qabaq]

tong (de)	тіл	[tɯʎ]
tand (de)	тіс	[tɯs]
lippen (mv.)	ерін	[erɯn]
jukbeenderen (mv.)	бет сүегі	[bet syegɯ]
tandvlees (het)	қызыл иек	[qɯzɯl ɯek]
gehemelte (het)	таңдай	[taŋdaj]

neusgaten (mv.)	танауы	[tanawɯ]
kin (de)	иек	[ɯek]
kaak (de)	жақ	[ʒaq]
wang (de)	ұрт	[ʊrt]

voorhoofd (het)	маңдай	[maŋdaj]
slaap (de)	самай	[samaj]
oor (het)	құлақ	[qʊlaq]
achterhoofd (het)	желке	[ʒelke]
hals (de)	мойын	[mɔjɯn]
keel (de)	тамақ	[tamaq]

haren (mv.)	шаш	[ʃaʃ]
kapsel (het)	сәнденген шаш	[sændeŋen ʃaʃ]
haarsnit (de)	сәндеп қиылған шаш	[sændep qɯːlɣan ʃaʃ]
pruik (de)	жасанды шаш	[ʒasandɯ ʃaʃ]

snor (de)	мұрт	[mʊrt]
baard (de)	сақал	[saqal]
dragen (een baard, enz.)	өсіру	[øsɯrw]
vlecht (de)	бұрым	[bʊrɯm]
bakkebaarden (mv.)	жақ сақал	[ʒaq saqal]

ros (roodachtig, rossig)	жирен	[ʒɯren]
grijs (~ haar)	ақ шашты	[aq ʃaʃtɯ]
kaal (bn)	тақыр	[taqɯr]
kale plek (de)	бастың қасқасы	[bastɯŋ qasqasɯ]
paardenstaart (de)	құйыршық	[qwjɯrʃɯq]
pony (de)	кекіл	[kekɯl]

29. Menselijk lichaam

| hand (de) | шашақ | [ʃaʃaq] |
| arm (de) | қол | [qɔl] |

vinger (de)	саусақ	[sawsaq]
duim (de)	бас бармақ	[bas barmaq]
pink (de)	шынашақ	[ʃɪnaʃaq]
nagel (de)	тырнақ	[tɪrnaq]

vuist (de)	жұдырық	[ʒʊdɪrɪq]
handpalm (de)	алақан	[alaqan]
pols (de)	білезік сүйектер	[bɪlezɪk syjekter]
voorarm (de)	білек сүйектері	[bɪlek syjekterɪ]
elleboog (de)	шынтақ	[ʃɪntaq]
schouder (de)	иық	[ɪːq]

been (rechter ~)	аяқ	[ajaq]
voet (de)	табан	[taban]
knie (de)	тізе	[tɪze]
kuit (de)	балтыр	[baltɪr]
heup (de)	жая	[ʒaja]
hiel (de)	тақа	[taqa]

lichaam (het)	дене	[dene]
buik (de)	қарын	[qarɪn]
borst (de)	кеуде	[kewde]
borst (de)	емшек	[emʃæk]
zijde (de)	бүйір	[byjɪr]
rug (de)	арқа	[arqa]
lage rug (de)	белдеме	[beldeme]
taille (de)	бел	[bel]

navel (de)	кіндік	[kɪndɪk]
billen (mv.)	бөксе	[bøkse]
achterwerk (het)	бөксе	[bøkse]

huidvlek (de)	қал	[qal]
tatoeage (de)	татуировка	[tatwɪrɔvka]
litteken (het)	тыртық	[tɪrtɪq]

Kleding en accessoires

30. Bovenkleding. Jassen

kleren (mv.), kleding (de)	киім	[kɪːm]
bovenkleding (de)	сыртқы киім	[sɪrtqɪ kɪːm]
winterkleding (de)	қысқы киім	[qɪsqɪ kɪːm]
jas (de)	шапан	[ʃɑpɑn]
bontjas (de)	тон	[tɔn]
bontjasje (het)	қысқа тон	[qɪsqɑ tɔn]
donzen jas (de)	тұлып тон	[tʊlɪp tɔn]
jasje (bijv. een leren ~)	куртка	[kwrtkɑ]
regenjas (de)	жадағай	[ʒɑdɑɣɑj]
waterdicht (bn)	су өтпейтін	[sw øtpejtɪn]

31. Heren & dames kleding

overhemd (het)	көйлек	[køjlek]
broek (de)	шалбар	[ʃɑlbɑr]
jeans (de)	джинсы	[dʒɪnsɪ]
colbert (de)	пиджак	[pɪdʒak]
kostuum (het)	костюм	[kɔstym]
jurk (de)	көйлек	[køjlek]
rok (de)	белдемше	[beldemʃæ]
blouse (de)	блузка	[blwzkɑ]
wollen vest (de)	кеудеше	[kewdeʃæ]
T-shirt (het)	футболка	[fwtbɔlkɑ]
shorts (mv.)	дамбал	[dɑmbɑl]
trainingspak (het)	спорттық костюм	[spɔrttɪq kɔstym]
badjas (de)	шапан	[ʃɑpɑn]
pyjama (de)	түнгі жейде	[tyŋɪ ʒejde]
sweater (de)	свитер	[swɪter]
pullover (de)	пуловер	[pwlɔwer]
gilet (het)	желетке	[ʒeletke]
rokkostuum (het)	фрак	[frɑk]
smoking (de)	смокинг	[smɔkɪŋ]
uniform (het)	бірыңғай формалы киімдер	[bɪrɪŋɣɑj fɔrmɑlɪ kɪːmder]
werkkleding (de)	жұмыс киімі	[ʒʊmɪs kɪːmɪ]
overall (de)	комбинезон	[kɔmbɪnezɔn]
doktersjas (de)	шапан	[ʃɑpɑn]

32. Kleding. Ondergoed

ondergoed (het)	іш киім	[ɪʃ kɪːm]
onderhemd (het)	ішкөйлек	[ɪʃkɔjlek]
sokken (mv.)	шұлық	[ʃʊlɩq]
nachthemd (het)	түнгі көйлек	[tyŋɩ køjlek]
beha (de)	кеудеше	[kewdeʃæ]
kniekousen (mv.)	гольф	[gɔʎf]
panty (de)	шұлықдамбал	[ʃʊlɩqdambal]
nylonkousen (mv.)	шұлық	[ʃʊlɩq]
badpak (het)	шомылу костюмі	[ʃɔmɩlw kɔstymɩ]

33. Hoofddeksels

hoed (de)	телпек	[telpek]
deukhoed (de)	қалпақ	[qalpaq]
honkbalpet (de)	бейсболка	[bejsbɔlka]
kleppet (de)	кепеш	[kepeʃ]
baret (de)	берет	[beret]
kap (de)	капюшон	[kapyʃon]
panamahoed (de)	панама	[panama]
gebreide muts (de)	тоқыма телпек	[tɔqɩma telpek]
hoofddoek (de)	орамал	[ɔramal]
dameshoed (de)	қалпақша	[qalpaqʃa]
veiligheidshelm (de)	каска	[kaska]
veldmuts (de)	пилотка	[pɩlɔtka]
helm, valhelm (de)	дулыға	[dwlɩɣa]
bolhoed (de)	котелок	[kɔtelɔk]
hoge hoed (de)	цилиндр	[tsɩlɩndr]

34. Schoeisel

schoeisel (het)	аяқ киім	[ajaq kɩːm]
schoenen (mv.)	бәтеңке	[bæteŋke]
vrouwenschoenen (mv.)	туфли	[twflɩ]
laarzen (mv.)	етік	[etɩk]
pantoffels (mv.)	тәпішке	[tæpɩʃke]
sportschoenen (mv.)	кроссовкалар	[krɔssɔvkalar]
sneakers (mv.)	кеды	[kedɩ]
sandalen (mv.)	сандал	[sandal]
schoenlapper (de)	аяқ киім жамаушы	[ajaq kɩːm ʒamawʃɩ]
hiel (de)	тақа	[taqa]
paar (een ~ schoenen)	қос	[qɔs]
veter (de)	бау	[baw]

rijgen (schoenen ~)	байлау	[bajlaw]
schoenlepel (de)	аяқ киімге қасық	[ajaq kı:mɣe qasıq]
schoensmeer (de/het)	аяқ киімге жағатын крем	[ajaq kı:mɣe ʒaɣatın kırem]

35. Textiel. Weefsel

katoen (de/het)	мақта	[maqta]
katoenen (bn)	мақтадан	[maqtadan]
vlas (het)	зығыр	[zıɣır]
vlas-, van vlas (bn)	зығырдан	[zıɣırdan]

zijde (de)	жібек	[ʒıbek]
zijden (bn)	жібектен	[ʒıbekten]
wol (de)	жүн	[ʒyn]
wollen (bn)	жүнді	[ʒyndı]

fluweel (het)	барқыт	[barqıt]
suède (de)	күдері	[kyderı]
ribfluweel (het)	ши барқыт	[ʃı barqıt]

nylon (de/het)	нейлон	[nejlɔn]
nylon-, van nylon (bn)	нейлоннан	[nejlɔŋan]
polyester (het)	полиэстер	[pɔlıɛster]
polyester- (abn)	полиэстерден	[pɔlıɛsterden]

leer (het)	тері	[terı]
leren (van leer gemaak)	теріден	[terıden]
bont (het)	аң терісі	[aŋ terısı]
bont- (abn)	аң терісі	[aŋ terısı]

36. Persoonlijke accessoires

handschoenen (mv.)	биялай	[bıjalaj]
wanten (mv.)	қолғап	[qɔlɣap]
sjaal (fleece ~)	шарф	[ʃarf]

bril (de)	көзілдірік	[køzıldırık]
brilmontuur (het)	жиектеме	[ʒıekteme]
paraplu (de)	қол шатыр	[qɔl ʃatır]
wandelstok (de)	таяқ	[tajaq]
haarborstel (de)	тарақ	[taraq]
waaier (de)	желпігіш	[ʒelpıgıʃ]

das (de)	галстук	[galstwk]
strikje (het)	галстук-көбелек	[galstwk købelek]
bretels (mv.)	аспа	[aspa]
zakdoek (de)	қол орамал	[qɔl ɔramal]

kam (de)	тарақ	[taraq]
haarspeldje (het)	шаш қыстырғыш	[ʃaʃ qıstırɣıʃ]
schuifspeldje (het)	шаш түйрегіш	[ʃaʃ tyjregıʃ]

gesp (de)	айылбас	[ajılbas]
broekriem (de)	белдік	[beldık]
draagriem (de)	белдік	[beldık]

handtas (de)	сөмке	[sømke]
damestas (de)	әйел сөмкесі	[æjel sømkesı]
rugzak (de)	жолдорба	[ʒɔldɔrba]

37. Kleding. Diversen

mode (de)	сән	[sæn]
de mode (bn)	сәнді	[sændı]
kledingstilist (de)	үлгіші	[julgıʃı]

kraag (de)	жаға	[ʒaɣa]
zak (de)	қалта	[qalta]
zak- (abn)	қалта	[qalta]
mouw (de)	жең	[ʒeŋ]
lusje (het)	ілгіш	[ıʌɡıʃ]
gulp (de)	ілгек	[ılgek]

rits (de)	ілгек	[ılgek]
sluiting (de)	ілгек	[ılgek]
knoop (de)	түйме	[tyjme]
knoopsgat (het)	желкелік	[ʒelkelık]
losraken (bijv. knopen)	түймені үзіп алу	[tyjmenı juzıp alw]

naaien (kleren, enz.)	тігу	[tıgw]
borduren (ww)	кесте тігу	[keste tıgw]
borduursel (het)	кесте	[keste]
naald (de)	ине	[ıne]
draad (de)	жіп	[ʒıp]
naad (de)	тігіс	[tıgıs]

vies worden (ww)	былғану	[bılɣanw]
vlek (de)	дақ	[daq]
gekreukt raken (ov. kleren)	қырыстанып қалу	[qırıstanıp qalw]
scheuren (ov.ww.)	жырту	[ʒırtw]
mot (de)	күйе	[kyje]

38. Persoonlijke verzorging. Schoonheidsmiddelen

tandpasta (de)	тіс пастасы	[tıs pastası]
tandenborstel (de)	мәсуек	[mæswek]
tanden poetsen (ww)	тіс тазалау	[tıs tazalaw]

scheermes (het)	ұстара	[ustara]
scheerschuim (het)	қырынуға арналған крем	[qırınwɣa arnalɣan krem]
zich scheren (ww)	қырыну	[qırınw]

| zeep (de) | сабын | [sabın] |
| shampoo (de) | сусабын | [swsabın] |

schaar (de)	қайшы	[qajʃɪ]
nagelvijl (de)	тырнақ егеуіш	[tɪrnaq egewɪʃ]
nagelknipper (de)	тістеуік	[tɪstewɪk]
pincet (het)	іскек	[ɪskek]

cosmetica (de)	косметика	[kɔsmetɪka]
masker (het)	маска	[maska]
manicure (de)	маникюр	[manɪkyr]
manicure doen	маникюр жасау	[manɪkyr ʒasaw]
pedicure (de)	педикюр	[pedɪkyr]

cosmetica tasje (het)	бояулар салатын сомке	[bɔjawlar salatın sɔmke]
poeder (de/het)	опа	[ɔpa]
poederdoos (de)	опа сауыт	[ɔpa sawıt]
rouge (de)	еңлік	[eŋlɪk]

parfum (de/het)	иіс су	[ɪːs sw]
eau de toilet (de)	иіссу	[ɪːssw]
lotion (de)	лосьон	[lɔsʲɔn]
eau de cologne (de)	әтір	[ætɪr]

oogschaduw (de)	қабақ бояуы	[qabaq bɔjawı]
oogpotlood (het)	көзге арналған қарындаш	[køzge arnalɣan qarındaʃ]
mascara (de)	кірпік сүрмесі	[kırpık syrmesı]

lippenstift (de)	ерін далабы	[erın dalabı]
nagellak (de)	тырнақ арналған лак	[tırnaq arnalɣan lak]
haarlak (de)	шашқа арналған лак	[ʃaʃqa arnalɣan lak]
deodorant (de)	дезодорант	[dezɔdɔrant]

crème (de)	иісмай	[ɪːsmaj]
gezichtscrème (de)	бетке арналған крем	[betke arnalɣan krem]
handcrème (de)	қолға арналған крем	[qɔlɣa arnalɣan krem]
antirimpelcrème (de)	әжімге қарсы кремі	[æʒımge qarsı kremı]
dag- (abn)	күндізгі иісмай	[kyndızgı ɪːsmaj]
nacht- (abn)	түнгі иісмай	[tyŋı ɪːsmaj]

tampon (de)	тықпа	[tıqpa]
toiletpapier (het)	дәрет қағазы	[dæret qaɣazı]
föhn (de)	шаш кептіргіш	[ʃaʃ keptırgıʃ]

39. Juwelen

sieraden (mv.)	асылдар	[asıldar]
edel (bijv. ~ stenen)	асыл	[asıl]
keurmerk (het)	белгі	[belgı]

ring (de)	сақина	[saqına]
trouwring (de)	неке жүзігі	[neke ʒyzıgı]
armband (de)	білезік	[bılezık]

oorringen (mv.)	сырға	[sırɣa]
halssnoer (het)	алқа	[alqa]
kroon (de)	таж	[taʒ]

kralen snoer (het)	моншақ	[mɔnʃaq]
diamant (de)	ғауhар	[gawhar]
smaragd (de)	зүмірет	[zymıret]
robijn (de)	лағыл	[laɣıl]
saffier (de)	жақұт	[ʒaqʊt]
parel (de)	меруерт	[merwert]
barnsteen (de)	кәріптас	[kærıptas]

40. Horloges. Klokken

polshorloge (het)	сағат	[saɣat]
wijzerplaat (de)	циферблат	[ʦıferblat]
wijzer (de)	тіл	[tıʎ]
metalen horlogeband (de)	білезік	[bılezık]
horlogebandje (het)	таспа	[taspa]

batterij (de)	батарейка	[batarejka]
leeg zijn (ww)	батарейка отырып қалды	[batarejka ɔtırıp qaldı]
batterij vervangen	батарейканы ауыстыру	[batarejkanı awıstırw]
voorlopen (ww)	асығу	[asıɣw]
achterlopen (ww)	кейіндеу	[kejındew]

wandklok (de)	қабырға сағат	[qabırɣa saɣat]
zandloper (de)	құм сағат	[qʊm saɣat]
zonnewijzer (de)	күн сағаты	[kyn saɣatı]
wekker (de)	оятар	[ɔjatar]
horlogemaker (de)	сағатшы	[saɣatʃı]
repareren (ww)	жөндеу	[ʒøndew]

Voedsel. Voeding

41. Voedsel

vlees (het)	ет	[et]
kip (de)	тауық	[tawıq]
kuiken (het)	балапан	[balapan]
eend (de)	үйрек	[jujrek]
gans (de)	қаз	[qaz]
wild (het)	құс	[qʊs]
kalkoen (de)	түйетауық	[tyjetawıq]
varkensvlees (het)	шошқа еті	[ʃoʃqa etı]
kalfsvlees (het)	бұзау еті	[bʊzaw etı]
schapenvlees (het)	қой еті	[qoj etı]
rundvlees (het)	сиыр еті	[sı:r etı]
konijnenvlees (het)	қоян еті	[qojan etı]
worst (de)	шұжық	[ʃʊʒıq]
saucijs (de)	сосиска	[sɔsıska]
spek (het)	бекон	[bekɔn]
ham (de)	ветчина	[wetʃina]
gerookte achterham (de)	сан ет	[san et]
paté, pastei (de)	бұқтырлған ет	[bʊqtırlɣan et]
lever (de)	бауыр	[bawır]
varkensvet (het)	тоң май	[toŋ maj]
gehakt (het)	турама	[twrama]
tong (de)	тіл	[tıʎ]
ei (het)	жұмыртқа	[ʒʊmırtqa]
eieren (mv.)	жұмыртқалар	[ʒʊmırtqalar]
eiwit (het)	ақуыз	[aqwız]
eigeel (het)	сарыуыз	[sarıwız]
vis (de)	балық	[balıq]
zeevruchten (mv.)	теңіз азығы	[teŋız azıɣı]
schaaldieren (mv.)	шаян тәрізділер	[ʃajan tærızdıler]
kaviaar (de)	уылдырық	[wıldırıq]
krab (de)	таңқышаян	[taŋqıʃajan]
garnaal (de)	асшаян	[asʃajan]
oester (de)	устрица	[wstrıtsa]
langoest (de)	лангуст	[laŋwst]
octopus (de)	сегізаяқ	[segızajaq]
inktvis (de)	кальмар	[kaʎmar]
steur (de)	бекіре еті	[bekıre etı]
zalm (de)	арқан балық	[arqan balıq]
heilbot (de)	палтус	[paltws]

kabeljauw (de)	нәлім	[nælɪm]
makreel (de)	скумбрия	[skwmbrɪja]
tonijn (de)	тунец	[twnets]
paling (de)	жыланбалық	[ʒɪlanbalɪq]

forel (de)	бахтах	[bahtah]
sardine (de)	сардина	[sardɪna]
snoek (de)	шортан	[ʃɔrtan]
haring (de)	майшабақ	[majʃabaq]

brood (het)	нан	[nan]
kaas (de)	ірімшік	[ɪrɪmʃɪk]
suiker (de)	қант	[qant]
zout (het)	тұз	[tʊz]

rijst (de)	күріш	[kyrɪʃ]
pasta (de)	түтік кеспе	[tytɪk kespe]
noedels (mv.)	кеспе	[kespe]

boter (de)	сарымай	[sarɪmaj]
plantaardige olie (de)	өсімдік майы	[øsɪmdɪk majɪ]
zonnebloemolie (de)	күнбағыс майы	[kynbaɣɪs majɪ]
margarine (de)	маргарин	[margarɪn]

olijven (mv.)	зәйтүн	[zæjtyn]
olijfolie (de)	зәйтүн майы	[zæjtyn majɪ]

melk (de)	сүт	[syt]
gecondenseerde melk (de)	қоюлатқан сүт	[qojulatqan syt]
yoghurt (de)	йогурт	[jogwrt]
zure room (de)	қаймақ	[qajmaq]
room (de)	кілегей	[kɪlegej]

mayonaise (de)	майонез	[majonez]
crème (de)	крем	[krem]

graan (het)	жарма	[ʒarma]
meel (het), bloem (de)	ұн	[ʊn]
conserven (mv.)	консервілер	[kɔnservɪler]

maïsvlokken (mv.)	жүгері жапалақтары	[ʒygerɪ ʒapalaqtarɪ]
honing (de)	бал	[bal]
jam (de)	джем	[dʒem]
kauwgom (de)	сағыз	[saɣɪz]

42. Drankjes

water (het)	су	[sw]
drinkwater (het)	ішетін су	[ɪʃætɪn sw]
mineraalwater (het)	минералды су	[mɪneraldɪ sw]

zonder gas	газсыз	[gazsɪz]
koolzuurhoudend (bn)	газдалған	[gazdalɣan]
bruisend (bn)	газдалған	[gazdalɣan]

IJs (het)	мұз	[mʊz]
met ijs	мұзбен	[mʊzben]

alcohol vrij (bn)	алкогольсыз	[alkɔgɔʎsɪz]
alcohol vrije drank (de)	алкогольсыз сусын	[alkɔgɔʎsɪz swsɪn]
frisdrank (de)	салқындататын сусын	[salqɪndatatɪn swsɪn]
limonade (de)	лимонад	[lɪmɔnad]

alcoholische dranken (mv.)	алкогольды ішімдіктер	[alkɔgɔʎdɪ ɪʃɪmdɪkter]
wijn (de)	шарап	[ʃarap]
witte wijn (de)	ақшарап	[aqʃarap]
rode wijn (de)	қызыл шарап	[qɪzɪl ʃarap]

likeur (de)	ликер	[lɪker]
champagne (de)	аққайнар	[aqqajnar]
vermout (de)	вермут	[wermwt]

whisky (de)	виски	[wɪskɪ]
wodka (de)	арақ	[araq]
gin (de)	жын	[ʒɪn]
cognac (de)	коньяк	[kɔɲjak]
rum (de)	ром	[rɔm]

koffie (de)	кофе	[kɔfe]
zwarte koffie (de)	қара кофе	[qara kɔfe]
koffie (de) met melk	кофе сүтпен	[kɔfe sytpen]
cappuccino (de)	кофе кілегеймен	[kɔfe kɪlegejmen]
oploskoffie (de)	ерігіш кофе	[erɪgɪʃ kɔfe]

melk (de)	сүт	[syt]
cocktail (de)	коктейль	[kɔktejʎ]
milkshake (de)	сүт коктейлі	[syt kɔktejlɪ]

sap (het)	шырын	[ʃɪrɪn]
tomatensap (het)	қызанақ шырыны	[qɪzanaq ʃɪrɪnɪ]
sinaasappelsap (het)	апельсин шырыны	[apeʎsɪn ʃɪrɪnɪ]
vers geperst sap (het)	жаңа сығылған шырын	[ʒaŋa sɪɣɪlɣan ʃɪrɪn]

bier (het)	сыра	[sɪra]
licht bier (het)	ақшыл сыра	[aqʃɪl sɪra]
donker bier (het)	қараңғы сырасы	[qaraŋɣɪ sɪrasɪ]

thee (de)	шай	[ʃaj]
zwarte thee (de)	қара шай	[qara ʃaj]
groene thee (de)	көк шай	[køk ʃaj]

43. Groenten

groenten (mv.)	көкөністер	[køkønɪster]
verse kruiden (mv.)	көкөніс	[køkønɪs]

tomaat (de)	қызанақ	[qɪzanaq]
augurk (de)	қияр	[qɪjar]
wortel (de)	сәбіз	[sæbɪz]

aardappel (de)	картоп	[kartɔp]
ui (de)	пияз	[pɪjaz]
knoflook (de)	сарымсақ	[sarɪmsaq]

kool (de)	қырыққабат	[qɪrɪqqabat]
bloemkool (de)	түсті орамжапырақ	[tʏstɪ ɔramʒapɪraq]
spruitkool (de)	брюсель орамжапырағы	[brʏseʎ ɔramʒapɪraɣɪ]
broccoli (de)	брокколи орамжапырағы	[brɔkkɔlɪ ɔramʒapɪraɣɪ]

rode biet (de)	қызылша	[qɪzɪlʃa]
aubergine (de)	кәді	[kædɪ]
courgette (de)	кәдіш	[kædɪʃ]
pompoen (de)	асқабақ	[asqabaq]
raap (de)	шалқан	[ʃalqan]

peterselie (de)	ақжелкен	[aqʒelken]
dille (de)	аскөк	[askøk]
sla (de)	салат	[salat]
selderij (de)	балдыркөк	[baldɪrkøk]
asperge (de)	ақтық	[aqtɪq]
spinazie (de)	саумалдық	[sawmaldɪq]

erwt (de)	ноқат	[nɔqat]
bonen (mv.)	ірі бұршақтар	[ɪrɪ bʊrʃaqtar]
maïs (de)	жүгері	[ʒygerɪ]
boon (de)	үрме бұршақ	[jurme bʊrʃaq]

peper (de)	бұрыш	[bʊrɪʃ]
radijs (de)	шалғам	[ʃalɣam]
artisjok (de)	бөрікгүл	[børɪkgyl]

44. Vruchten. Noten

vrucht (de)	жеміс	[ʒemɪs]
appel (de)	алма	[alma]
peer (de)	алмұрт	[almʊrt]
citroen (de)	лимон	[lɪmɔn]
sinaasappel (de)	апельсин	[apeʎsɪn]
aardbei (de)	құлпынай	[qʊlpɪnaj]

mandarijn (de)	мандарин	[mandarɪn]
pruim (de)	алхоры	[alhɔrɪ]
perzik (de)	шабдалы	[ʃabdalɪ]
abrikoos (de)	өрік	[ørɪk]
framboos (de)	таңқурай	[taŋwraj]
ananas (de)	ананас	[ananas]

banaan (de)	банан	[banan]
watermeloen (de)	қарбыз	[qarbɪz]
druif (de)	жүзім	[ʒyzɪm]
zure kers (de)	кәдімгі шие	[kadɪmgɪ ʃie]
zoete kers (de)	қызыл шие	[qɪzɪl ʃie]
meloen (de)	қауын	[qawɪn]
grapefruit (de)	грейпфрут	[grejpfrwt]

avocado (de)	авокадо	[avɔkadɔ]
papaja (de)	папайя	[papaja]
mango (de)	манго	[maŋɔ]
granaatappel (de)	анар	[anar]

rode bes (de)	қызыл қарақат	[qɪzɪl qaraqat]
zwarte bes (de)	қара қарақат	[qara qaraqat]
kruisbes (de)	қарлыған	[qarlɪɣan]
bosbes (de)	қара жидек	[qara ʒɪdek]
braambes (de)	қожақат	[qɔʒaqat]

rozijn (de)	мейіз	[mejɪz]
vijg (de)	інжір	[ɪnʒɪr]
dadel (de)	құрма	[qʊrma]

pinda (de)	жержаңғақ	[ʒerʒaŋɣaq]
amandel (de)	бадам	[badam]
walnoot (de)	жаңғақ	[ʒaŋɣaq]
hazelnoot (de)	ағаш жаңғағы	[aɣaʃ ʒaŋɣaɣɪ]
kokosnoot (de)	кокос жаңғақ	[kɔkɔs ʒaŋɣaq]
pistaches (mv.)	пісте	[pɪste]

45. Brood. Snoep

suikerbakkerij (de)	кондитер бұйымдары	[kɔndɪter bʊjɪmdarɪ]
brood (het)	нан	[nan]
koekje (het)	печенье	[peʧeɲje]

chocolade (de)	шоколад	[ʃɔkɔlad]
chocolade- (abn)	шоколад	[ʃɔkɔlad]
snoepje (het)	кәмпит	[kæmpɪt]
cakeje (het)	тәтті тоқаш	[tættɪ tɔqaʃ]
taart (bijv. verjaardags~)	торт	[tɔrt]

pastei (de)	бәліш	[bælɪʃ]
vulling (de)	салынды	[salɪndɪ]

confituur (de)	қайнатпа	[qajnatpa]
marmelade (de)	мармелад	[marmelad]
wafel (de)	вафли	[vaflɪ]
IJsje (het)	балмұздақ	[balmʊzdaq]
pudding (de)	пудинг	[pwdɪŋ]

46. Bereide gerechten

gerecht (het)	тағам	[taɣam]
keuken (bijv. Franse ~)	ұлттық тағамдар	[ʊlttɪq taɣamdar]
recept (het)	рецепт	[reʦept]
portie (de)	мөлшер	[mølʃær]

salade (de)	салат	[salat]
soep (de)	көже	[køʒe]

bouillon (de)	сорпа	[sɔrpa]
boterham (de)	бутерброд	[bwterbrɔd]
spiegelei (het)	қуырылған жұмыртқа	[qwırılɣan ʒʊmırtqa]

hamburger (de)	котлет	[kɔtlet]
hamburger (de)	гамбургер	[gambwrger]
biefstuk (de)	бифштекс	[bıfʃteks]
hutspot (de)	қуырдақ	[qwırdaq]

garnering (de)	гарнир	[garnır]
spaghetti (de)	спагетти	[spagettı]
aardappelpuree (de)	картоп езбесі	[kartɔp ezbesı]
pizza (de)	пицца	[pıtsa]
pap (de)	ботқа	[bɔtqa]
omelet (de)	омлет	[ɔmlet]

gekookt (in water)	пісірілген	[pısırılgen]
gerookt (bn)	ысталған	[ıstalɣan]
gebakken (bn)	қуырылған	[qwırılɣan]
gedroogd (bn)	кептірілген	[keptırılgen]
diepvries (bn)	мұздатылған	[mʊzdatılɣan]
gemarineerd (bn)	маринадталған	[marınadtalɣan]

zoet (bn)	тәтті	[tættı]
gezouten (bn)	тұзды	[tʊzdı]
koud (bn)	суық	[swıq]
heet (bn)	ыстық	[ıstıq]
bitter (bn)	ащы	[aɕı]
lekker (bn)	дәмді	[dæmdı]

koken (in kokend water)	пісіру	[pısırw]
bereiden (avondmaaltijd ~)	әзірлеу	[æzırlew]
bakken (ww)	қуыру	[qwırw]
opwarmen (ww)	ысыту	[ısıtw]

zouten (ww)	тұздау	[tʊzdaw]
peperen (ww)	бұрыш салу	[bʊrıʃ salw]
raspen (ww)	үйкеу	[jujkew]
schil (de)	қабық	[qabıq]
schillen (ww)	аршу	[arʃw]

47. Kruiden

zout (het)	тұз	[tʊz]
gezouten (bn)	тұзды	[tʊzdı]
zouten (ww)	тұздау	[tʊzdaw]

zwarte peper (de)	қара бұрыш	[qara bʊrıʃ]
rode peper (de)	қызыл бұрыш	[qızıl bʊrıʃ]
mosterd (de)	қыша	[qıʃa]
mierikswortel (de)	түбіртамыр	[tybırtamır]

| condiment (het) | дәмдеуіш | [dæmdewıʃ] |
| specerij , kruiderij (de) | дәмдеуіш | [dæmdewıʃ] |

| saus (de) | тұздық | [tʊzdɪq] |
| azijn (de) | сірке суы | [sɪrke swɪ] |

anijs (de)	анис	[anɪs]
basilicum (de)	насыбайгүл	[nasɪbajgyl]
kruidnagel (de)	қалампыргүл	[qalampɪrgyl]
gember (de)	имбирь	[ɪmbɪrʲ]
koriander (de)	кориандр	[korɪandr]
kaneel (de/het)	даршын	[darʃɪn]

sesamzaad (het)	күнжіт	[kynʒɪt]
laurierblad (het)	лавр жапырағы	[lavr ʒapɪraɣɪ]
paprika (de)	паприка	[paprɪka]
komijn (de)	зире	[zɪre]
saffraan (de)	бәйшешек	[bæjʃæʃæk]

48. Maaltijden

| eten (het) | тамақ | [tamaq] |
| eten (ww) | жеу | [ʒew] |

ontbijt (het)	ертеңгілік тамақ	[erteŋɪlɪk tamaq]
ontbijten (ww)	ертеңгі тамақты ішу	[erteŋɪ tamaqtɪ ɪʃw]
lunch (de)	түскі тамақ	[tyskɪ tamaq]
lunchen (ww)	түскі тамақ жеу	[tyskɪ tamaq ʒew]
avondeten (het)	кешкі тамақ	[keʃkɪ tamaq]
souperen (ww)	кешкі тамақ ішу	[keʃkɪ tamaq ɪʃw]

| eetlust (de) | тәбет | [tæbet] |
| Eet smakelijk! | Ас болсын! | [as bolsɪn] |

openen (een fles ~)	аш	[aʃ]
morsen (koffie, enz.)	төгу	[tøgw]
zijn gemorst	төгілу	[tøgɪlw]

koken (water kookt bij 100°C)	қайнау	[qajnaw]
koken (Hoe om water te ~)	қайнату	[qajnatw]
gekookt (~ water)	қайнатылған	[qajnatɪlɣan]
afkoelen (koeler maken)	салқындату	[salqɪndatw]
afkoelen (koeler worden)	салқындау	[salqɪndaw]

| smaak (de) | талғам | [talɣam] |
| nasmaak (de) | татым | [tatɪm] |

volgen een dieet	арықтау	[arɪqtaw]
dieet (het)	диета	[dɪeta]
vitamine (de)	дәрумен	[dærwmen]
calorie (de)	калория	[kalorɪja]
vegetariër (de)	вегетариан	[wegetarɪan]
vegetarisch (bn)	вегетариандық	[wegetarɪandɪq]

vetten (mv.)	майлар	[majlar]
eiwitten (mv.)	ақуыз	[aqwɪz]
koolhydraten (mv.)	көміртегі	[kømɪrtegɪ]

snede (de)   тілім   [tılım]
stuk (bijv. een ~ taart)   кесек   [kesek]
kruimel (de)   үзім   [juzım]

49. Tafelschikking

lepel (de)   қасық   [qasıq]
mes (het)   пышақ   [pıʃaq]
vork (de)   шанышқы   [ʃanıʃqı]

kopje (het)   шыныаяқ   [ʃınıajaq]
bord (het)   тәрелке   [tærelke]
schoteltje (het)   табақша   [tabaqʃa]
servet (het)   майлық   [majlıq]
tandenstoker (de)   тіс тазартқыш   [tıs tazartqıʃ]

50. Restaurant

restaurant (het)   мейрамхана   [mejramhana]
koffiehuis (het)   кофехана   [kɔfehana]
bar (de)   бар   [bar]
tearoom (de)   шайхана   [ʃajhana]

kelner, ober (de)   даяшы   [dajaʃı]
serveerster (de)   даяшы   [dajaʃı]
barman (de)   бармен   [barmen]

menu (het)   мәзір   [mæzır]
wijnkaart (de)   шарап картасы   [ʃarap kartası]
een tafel reserveren   бронды үстел   [brɔndı justel]

gerecht (het)   тамақ   [tamaq]
bestellen (eten ~)   тапсырыс беру   [tapsırıs berw]
een bestelling maken   тапсырыс жасау   [tapsırıs ʒasaw]

aperitief (de/het)   аперитив   [aperıtıv]
voorgerecht (het)   дәмтатым   [dæmtatım]
dessert (het)   десерт   [desert]

rekening (de)   есеп   [esep]
de rekening betalen   есеп бойынша төлеу [esep bɔjınʃa tølew]
wisselgeld teruggeven   төленгеннің   [tøleŋeŋıŋ
                               артығын беру   artıɣın berw]

fooi (de)   шайлық   [ʃajlıq]

Familie, verwanten en vrienden

51. Persoonlijke informatie. Formulieren

naam (de)	есім	[esım]
achternaam (de)	тек	[tek]
geboortedatum (de)	туған күні	[twɣan kynı]
geboorteplaats (de)	туған жері	[twɣan ʒerı]

nationaliteit (de)	ұлт	[ʊlt]
woonplaats (de)	тұратын мекені	[tʊratın mekenı]
land (het)	ел	[el]
beroep (het)	мамандық	[mamandıq]

geslacht (ov. het vrouwelijk ~)	жыныс	[ʒınıs]
lengte (de)	бой	[bɔj]
gewicht (het)	салмақ	[salmaq]

52. Familieleden. Verwanten

moeder (de)	ана	[ana]
vader (de)	әке	[æke]
zoon (de)	ұл	[ʊl]
dochter (de)	қыз	[qız]

jongste dochter (de)	кіші қыз	[kıʃı qız]
jongste zoon (de)	кіші ұл	[kıʃı ʊl]
oudste dochter (de)	үлкен қыз	[juʎken qız]
oudste zoon (de)	үлкен ұл	[juʎken ʊl]

broer (de)	бауыр	[bawır]
oudere broer (de)	аға	[aɣa]
jongere broer (de)	іні	[ını]
zuster (de)	қарындас	[qarındas]
oudere zuster (de)	апа	[apa]
jongere zuster (de)	сіңлі	[sıŋlı]

neef (zoon van oom/tante)	немере аға	[nemere aɣa]
nicht (dochter van oom/tante)	немере әпке	[ne'mere apke]
mama (de)	апа	[apa]
papa (de)	әке	[æke]
ouders (mv.)	әке-шеше	[ækeʃæʃæ]
kind (het)	бала	[bala]
kinderen (mv.)	балалар	[balalar]

oma (de)	әже	[æʒe]
opa (de)	ата	[ata]

kleinzoon (de)	немере, жиен	[nemere], [ʒıen]
kleindochter (de)	немере қыз, жиен қыз	[nemere qız], [ʒıen qız]
kleinkinderen (mv.)	немерелер	[nemereler]

oom (de)	аға	[aɣa]
tante (de)	тәте	[tæte]
neef (zoon van broer/zus)	жиен, ини	[ʒıen], [ını]
nicht (dochter van broer/zus)	жиен	[ʒıen]

schoonmoeder (de)	ене	[ene]
schoonvader (de)	қайын ата	[qajın ata]
schoonzoon (de)	жездей	[ʒezdej]
stiefmoeder (de)	өгей ана	[øgej ana]
stiefvader (de)	өгей әке	[øgej æke]

zuigeling (de)	емшек баласы	[emʃæk balası]
wiegenkind (het)	бөбек	[bøbek]
kleuter (de)	бөбек	[bøbek]

vrouw (de)	әйел	[æjel]
man (de)	еркек	[erkek]
echtgenoot (de)	күйеу	[kyjew]
echtgenote (de)	әйел	[æjel]

gehuwd (mann.)	үйленген	[jujleŋen]
gehuwd (vrouw.)	күйеуге шыққан	[kyjewge ʃıqqan]
ongehuwd (mann.)	бойдақ	[bojdaq]
vrijgezel (de)	бойдақ	[bojdaq]
gescheiden (bn)	ажырасқан	[aʒırasqan]
weduwe (de)	жесір әйел	[ʒesır æjel]
weduwnaar (de)	тұл ер адам	[tʊl er adam]

familielid (het)	туысқан	[twısqan]
dichte familielid (het)	жақын туысқан	[ʒaqın twısqan]
verre familielid (het)	алыс ағайын	[alıs aɣajın]
familieleden (mv.)	туған-туысқандар	[twɣantwısqandar]

wees (de), weeskind (het)	жетім бала	[ʒetım bala]
voogd (de)	қамқоршы	[qamqorʃı]
adopteren (een jongen te ~)	бала қылып алу	[bala qılıp alw]
adopteren (een meisje te ~)	қыз етіп асырап алу	[qız etıp asırap alw]

53. Vrienden. Collega's

vriend (de)	дос	[dɔs]
vriendin (de)	құрбы	[qʊrbı]
vriendschap (de)	достық	[dɔstıq]
bevriend zijn (ww)	достасу	[dɔstasw]

makker (de)	дос	[dɔs]
vriendin (de)	құрбы	[qʊrbı]
partner (de)	серіктес	[serıktes]
chef (de)	бастық	[bastıq]
baas (de)	бастық	[bastıq]

| ondergeschikte (de) | бағынышты адам | [baɣınıʃtı adam] |
| collega (de) | еңбектес | [eŋbektes] |

kennis (de)	таныс	[tanıs]
medereiziger (de)	жолсерік	[ʒɔlserık]
klasgenoot (de)	сыныптас	[sınıptas]

buurman (de)	көрші	[kørʃı]
buurvrouw (de)	көрші	[kørʃı]
buren (mv.)	көршілер	[kørʃı ler]

54. Man. Vrouw

vrouw (de)	әйел	[æjel]
meisje (het)	қыз	[qız]
bruid (de)	айттырылған қыз	[ajttırılɣan qız]

mooi(e) (vrouw, meisje)	әдемі	[ædemı]
groot, grote (vrouw, meisje)	ұзын бойлы	[ʊzın bɔjlı]
slank(e) (vrouw, meisje)	сымбатты	[sımbattı]
korte, kleine (vrouw, meisje)	бойы биік емес	[bɔjı bı:k emes]

| blondine (de) | ақ сары | [aq sarı] |
| brunette (de) | қара қас | [qara qas] |

dames- (abn)	әйелдік	[æjeldık]
maagd (de)	қыздығын сақтаған	[qızdıɣın saqtaɣan]
zwanger (bn)	жүкті әйел	[ʒyktı æjel]

man (de)	ер адам	[er adam]
blonde man (de)	ақ сары	[aq sarı]
bruinharige man (de)	қара қас	[qara qas]
groot (bn)	ұзын бойлы	[ʊzın bɔjlı]
klein (bn)	бойы биік емес	[bɔjı bı:k emes]

onbeleefd (bn)	дөрекі	[dørekı]
gedrongen (bn)	дембелше	[dembelʃæ]
robuust (bn)	берік	[berık]
sterk (bn)	күшті	[kyʃtı]
sterkte (de)	күш	[kyʃ]

mollig (bn)	толық	[tɔlıq]
getaand (bn)	қараторы	[qaratɔrı]
slank (bn)	сымбатты	[sımbattı]
elegant (bn)	сырбаз	[sırbaz]

55. Leeftijd

leeftijd (de)	жас шамасы	[ʒas ʃaması]
jeugd (de)	жастық	[ʒastıq]
jong (bn)	жас	[ʒas]
jonger (bn)	кіші	[kıʃı]

ouder (bn)	үлкен	[julken]
jongen (de)	жас жігіт	[ʒas ʒɪgɪt]
tiener, adolescent (de)	жас өспірім	[ʒas øspɪrɪm]
kerel (de)	жігіт	[ʒɪgɪt]

| oude man (de) | қарт | [qart] |
| oude vrouw (de) | кемпір | [kempɪr] |

volwassen (bn)	ересек	[eresek]
van middelbare leeftijd (bn)	орта жаста	[ɔrta ʒasta]
bejaard (bn)	егде	[egde]
oud (bn)	кәрі	[kærɪ]

| met pensioen gaan | зейнетақыға кету | [zejnetaqɪɣa ketw] |
| gepensioneerde (de) | зейнеткер | [zejnetker] |

56. Kinderen

kind (het)	бала	[bala]
kinderen (mv.)	балалар	[balalar]
tweeling (de)	егіздер	[egɪ zder]

wieg (de)	бесік	[besɪk]
rammelaar (de)	сылдырақ	[sɪldɪraq]
luier (de)	подгузник	[pɔdgwznɪk]

57. Gehuwde paren. Gezinsleven

kussen (een kus geven)	сүю	[syjw]
elkaar kussen (ww)	сүйісу	[syjɪsw]
gezin (het)	жанұя	[ʒanʊja]
gezins- (abn)	отбасылық	[ɔtbasɪlɪq]
paar (het)	жұп	[ʒʊp]
huwelijk (het)	неке	[neke]
thuis (het)	үй ішінде	[juj ɪʃɪnde]
dynastie (de)	әулет	[æwlet]

| date (de) | жүздесу | [ʒyzdesw] |
| zoen (de) | сүйіс | [syjɪs] |

liefde (de)	махаббат	[mahabbat]
liefhebben (ww)	жақсы көру	[ʒaqsɪ kørw]
geliefde (bn)	аяулы	[ajawlɪ]

tederheid (de)	мейірімділік	[mejrɪmdɪlɪk]
teder (bn)	мейірімді	[mejrɪmdɪ]
trouw (de)	берілгендік	[berɪlgendɪk]
trouw (bn)	берілген	[berɪlgen]
zorg (bijv. bejaarden~)	қам жеу	[qam ʒew]
zorgzaam (bn)	қамқор	[qamqɔr]
jonggehuwden (mv.)	жас жұбайлар	[ʒas ʒʊbajlar]
wittebroodsweken (mv.)	жас жұбайлар айы	[ʒas ʒʊbajlar ajɪ]

trouwen (vrouw)	күйеуге шығу	[kyjewge ʃɪɣw]
trouwen (man)	үйлену	[jujlenw]
bruiloft (de)	үйлену тойы	[jujlenw tɔjɪ]
gouden bruiloft (de)	алтын той	[altɪn tɔj]
verjaardag (de)	жылдық	[ʒɪldɪq]
minnaar (de)	ашына	[aʃɪna]
minnares (de)	ашына	[aʃɪna]
overspel (het)	опасыздық	[ɔpasɪzdɪq]
overspel plegen (ww)	опасыздық ету	[ɔpasɪzdɪq etw]
jaloers (bn)	қызғанышты	[qɪzɣanɪʃtɪ]
jaloers zijn (echtgenoot, enz.)	қызғану	[qɪzɣanw]
echtscheiding (de)	ажырасу	[aʒɪrasw]
scheiden (ww)	ажырап кету	[aʒɪrap ketw]
ruzie hebben (ww)	араздасу	[arazdasw]
vrede sluiten (ww)	райласу	[rajlasw]
samen (bw)	бірге	[bɪrge]
seks (de)	жыныстық қатынас	[ʒɪnɪstɪq qatɪnas]
geluk (het)	бақыт	[baqɪt]
gelukkig (bn)	бақытты	[baqɪttɪ]
ongeluk (het)	бақытсыздық	[bɪqɪtsɪzdɪq]
ongelukkig (bn)	бақытсыз	[bɪqɪtsɪz]

Karakter. Gevoelens. Emoties

58. Gevoelens. Emoties

gevoel (het)	сезім	[sezım]
gevoelens (mv.)	сезімдер	[sezımder]
honger (de)	аштық	[aʃtıq]
honger hebben (ww)	жегісі келу	[ʒegısı kelw]
dorst (de)	шөл	[ʃøʎ]
dorst hebben	шөлдеу	[ʃøldew]
slaperigheid (de)	ұйқышылдық	[ujqıʃıldıq]
willen slapen	ұйқы келу	[ujqı kelw]
moeheid (de)	шаршағандық	[ʃarʃaɣandıq]
moe (bn)	шаршаған	[ʃarʃaɣan]
vermoeid raken (ww)	шаршау	[ʃarʃaw]
stemming (de)	көңіл күй	[køŋıl kyj]
verveling (de)	зерігу	[zerıgw]
zich vervelen (ww)	сағыну	[saɣınw]
afzondering (de)	жалғыздық	[ʒalɣızdıq]
zich afzonderen (ww)	жекелену	[ʒekelenw]
bezorgd maken (ww)	мазалау	[mazalaw]
zich bezorgd maken	алаң болу	[alaŋ bolw]
zorg (bijv. geld~en)	алаңдау	[alaŋdaw]
ongerustheid (de)	қорқыныш	[qorqınıʃ]
ongerust (bn)	абыржыған	[abırʒıɣan]
zenuwachtig zijn (ww)	абыржу	[abırʒw]
in paniek raken	дүрлігу	[dyrlıgw]
hoop (de)	үміт	[jumıt]
hopen (ww)	үміттену	[jumıttenw]
zekerheid (de)	сенімділік	[senımdılık]
zeker (bn)	көзі жеткен	[køzı ʒetken]
onzekerheid (de)	сенімділіксіз	[senımdılıksız]
onzeker (bn)	өзіне сенбейтін	[øzıne senbejtın]
dronken (bn)	мас	[mas]
nuchter (bn)	мас емес	[mas emes]
zwak (bn)	әлсіз	[ælsız]
gelukkig (bn)	бақытты	[baqıttı]
doen schrikken (ww)	шошыту	[ʃoʃıtw]
toorn (de)	құтырушылық	[qutırwʃılıq]
woede (de)	кәр	[kær]
depressie (de)	депрессия	[depressıja]
ongemak (het)	жайсыздық	[ʒajsızdıq]

gemak, comfort (het)	жайлылық	[ʒajlɪlɪq]
spijt hebben (ww)	өкіну	[økɪnw]
spijt (de)	өкініш	[økɪnɪʃ]
pech (de)	қырсық	[qɪrsɪq]
bedroefdheid (de)	кейіс	[kejɪs]

schaamte (de)	ұят	[ʊjat]
pret (de), plezier (het)	ойын-күлкі	[ɔjɪŋkjuʌkɪ]
enthousiasme (het)	ынта	[ɪnta]
enthousiasteling (de)	энтузиаст	[ɛntwzɪast]
enthousiasme vertonen	ынта көрсету	[ɪnta kørsetw]

59. Karakter. Persoonlijkheid

karakter (het)	мінез	[mɪnez]
karakterfout (de)	кемшілік	[kemʃɪlɪk]
verstand (het)	ес	[es]
rede (de)	ақыл	[aqɪl]

geweten (het)	ұят	[ʊjat]
gewoonte (de)	әдет	[ædet]
bekwaamheid (de)	қабілеттілік	[qabɪlettɪlɪk]
kunnen (bijv., ~ zwemmen)	білу	[bɪlw]

geduldig (bn)	шыдамды	[ʃɪdamdɪ]
ongeduldig (bn)	шыдамсыз	[ʃɪdamsɪz]
nieuwsgierig (bn)	қызық құмар	[qɪzɪq kʊmar]
nieuwsgierigheid (de)	құмарлық	[qʊmarlɪq]

bescheidenheid (de)	сыпайлық	[sɪpajlɪq]
bescheiden (bn)	сыпайлы	[sɪpajlɪ]
onbescheiden (bn)	сыпайсыз	[sɪpajsɪz]

| lui (bn) | еріншек | [erɪnʃæk] |
| luiwammes (de) | еріншек | [erɪnʃæk] |

sluwheid (de)	қулық	[qwlɪq]
sluw (bn)	қу	[qw]
wantrouwen (het)	сенбеушілік	[senbewʃɪlɪk]
wantrouwig (bn)	секемшіл	[sekemʃɪl]

gulheid (de)	мырзалық	[mɪrzalɪq]
gul (bn)	алақаны ашық	[alaqanɪ aʃɪq]
talentrijk (bn)	дарынды	[darɪndɪ]
talent (het)	дарын	[darɪn]

moedig (bn)	батыл	[batɪl]
moed (de)	батылдық	[batɪldɪq]
eerlijk (bn)	адал	[adal]
eerlijkheid (de)	адалдық	[adaldɪq]

voorzichtig (bn)	құнты	[qʊntɪ]
manhaftig (bn)	ержүрек	[erʒyrek]
ernstig (bn)	салмақты	[salmaqtɪ]

streng (bn)	қатал	[qatal]
resoluut (bn)	батыл	[batıl]
onzeker, irresoluut (bn)	жасқаншақ	[ʒasqanʃaq]
schuchter (bn)	жасқаншақ	[ʒasqanʃaq]
schuchterheid (de)	жасқаншақтық	[ʒasqanʃaqtıq]

vertrouwen (het)	сенім	[senım]
vertrouwen (ww)	сену	[senw]
goedgelovig (bn)	сенгіш	[seŋıʃ]

oprecht (bw)	бүкпесіз	[bykpesız]
oprecht (bn)	адал	[adal]
oprechtheid (de)	ақжүректік	[aqʒyrektık]
open (bn)	ашық	[aʃıq]

rustig (bn)	тыныш	[tınıʃ]
openhartig (bn)	ашық	[aʃıq]
naïef (bn)	аңқау	[aŋqaw]
verstrooid (bn)	ұмытшақ	[ʊmıtʃaq]
leuk, grappig (bn)	күлкілі	[kylkılı]

gierigheid (de)	арамдылық	[aramdılıq]
gierig (bn)	арам	[aram]
inhalig (bn)	сараң	[saraŋ]
kwaad (bn)	өш	[øʃ]
koppig (bn)	қыңыр	[qıŋr]
onaangenaam (bn)	сүйкімсіз	[syjkımsız]

egoïst (de)	өзімшіл	[øzımʃıl]
egoïstisch (bn)	өзімшіл	[øzımʃıl]
lafaard (de)	қорқақ	[qɔrqaq]
laf (bn)	қорқақ	[qɔrqaq]

60. Slaap. Dromen

slapen (ww)	ұйықтау	[ʊjıqtaw]
slaap (in ~ vallen)	ұйқы	[ʊjqı]
droom (de)	түс	[tys]
dromen (in de slaap)	түстерді көру	[tysterdı kørw]
slaperig (bn)	ұйқылы	[ʊjqılı]

bed (het)	төсек	[tøsek]
matras (de)	матрас	[matras]
deken (de)	көрпе	[kørpe]
kussen (het)	жастық	[ʒastıq]
laken (het)	ақжайма	[aqʒajma]

slapeloosheid (de)	ұйқы көрмеу	[ʊjqı kørmew]
slapeloos (bn)	ұйқысыз	[ʊjqısız]
slaapmiddel (het)	ұйықтататын дәрі	[ʊjıqtatatın dærı]
slaapmiddel innemen	ұйықтататын дәріні ішу	[ʊjıqtatatın dærını ıʃw]

| willen slapen | ұйқы келу | [ʊjqı kelw] |
| geeuwen (ww) | есінеу | [esınew] |

gaan slapen	ұйқыға бару	[ujqıɣa barw]
het bed opmaken	төсек салу	[tøsek salw]
inslapen (ww)	ұйықтау	[ujıqtaw]

nachtmerrie (de)	сұмдық	[sumdıq]
gesnurk (het)	қорыл	[qorıl]
snurken (ww)	қорылдау	[qorıldaw]

wekker (de)	оятар	[ɔjatar]
wekken (ww)	ояту	[ɔjatw]
wakker worden (ww)	ояну	[ɔjanw]
opstaan (ww)	төсектен тұру	[tøsekten turw]
zich wassen (ww)	жуыну	[ʒwınw]

61. Humor. Gelach. Blijdschap

humor (de)	мысқыл	[mısqıl]
gevoel (het) voor humor	мысқыл сезім	[mısqıl sezım]
plezier hebben (ww)	көңіл көтеру	[køŋıl køterw]
vrolijk (bn)	көңілді	[køŋıʎdı]
pret (de), plezier (het)	шаттық	[ʃattıq]

glimlach (de)	күлкі	[kylkı]
glimlachen (ww)	күлімдеу	[kylımdew]
beginnen te lachen (ww)	күле бастау	[kyle bastaw]
lachen (ww)	күлу	[kylw]
lach (de)	күлкі	[kylkı]

mop (de)	анекдот	[anekdɔt]
grappig (een ~ verhaal)	күлкілі	[kylkılı]
grappig (~e clown)	күлдіргі	[kyldırgı]

grappen maken (ww)	әзілдеу	[æzıldew]
grap (de)	әзіл	[æzıl]
blijheid (de)	қуаныш	[qwanıʃ]
blij zijn (ww)	қуану	[qwanw]
blij (bn)	қуанышты	[qwanıʃtı]

62. Discussie, conversatie. Deel 1

communicatie (de)	байланыс	[bajlanıs]
communiceren (ww)	араласу	[aralasw]

conversatie (de)	әңгіме	[æŋgıme]
dialoog (de)	диалог	[dıalɔg]
discussie (de)	дискуссия	[dıskwssıja]
debat (het)	пікірталас	[pıkırtalas]
debatteren, twisten (ww)	дауласу	[dawlasw]

gesprekspartner (de)	әңгімелесуші	[æŋgımeleswʃı]
thema (het)	тақырып	[taqırıp]
standpunt (het)	көзқарас	[køzqaras]

| mening (de) | пікір | [pıkır] |
| toespraak (de) | сөйлеу | [søjlew] |

bespreking (de)	талқылау	[talqılaw]
bespreken (spreken over)	талқылау	[talqılaw]
gesprek (het)	сұқбат	[sυqbat]
spreken (converseren)	сұқбаттасу	[sυqbattasw]
ontmoeting (de)	кездесу	[kezdesw]
ontmoeten (ww)	кездесу	[kezdesw]

spreekwoord (het)	мақал	[maqal]
gezegde (het)	мәтел	[mætel]
raadsel (het)	жұмбақ	[ʒυmbaq]
een raadsel opgeven	жұмбақ айту	[ʒυmbaq ajtw]
wachtwoord (het)	пароль	[parɔʎ]
geheim (het)	құпия	[qυpıja]

eed (de)	ант	[ant]
zweren (een eed doen)	ант беру	[ant berw]
belofte (de)	уәде	[wæde]
beloven (ww)	уәде беру	[wæde berw]

advies (het)	кеңес	[keŋes]
adviseren (ww)	кеңес беру	[keŋes berw]
luisteren (gehoorzamen)	тыңдау	[tıŋdaw]

nieuws (het)	жаңалық	[ʒaŋalıq]
sensatie (de)	таң қаларлық оқиға	[taŋ qalarlıq ɔqı:ɣa]
informatie (de)	мәліметтер	[mælımetter]
conclusie (de)	қорытынды	[qorıtındı]
stem (de)	дауыс	[dawıs]
compliment (het)	комплимент	[kɔmplıment]
vriendelijk (bn)	ақ пейілді	[aq pejıldı]

woord (het)	сөз	[søz]
zin (de), zinsdeel (het)	фраза	[fraza]
antwoord (het)	жауап	[ʒawap]

| waarheid (de) | ақиқат | [aqıqat] |
| leugen (de) | өтірік | [øtırık] |

gedachte (de)	ой	[ɔj]
idee (de/het)	ой	[ɔj]
fantasie (de)	қиял	[qıjal]

63. Discussie, conversatie. Deel 2

gerespecteerd (bn)	құрметті	[qυrmettı]
respecteren (ww)	құрметтеу	[qυrmettew]
respect (het)	құрмет	[qυrmet]
Geachte ... (brief)	Құрметті ...	[qυrmettı]

| voorstellen (Mag ik jullie ~) | таныстыру | [tanıstırw] |
| kennismaken (met ...) | танысу | [tanısw] |

intentie (de)	ниет	[nɪet]
intentie hebben (ww)	ниеттену	[nɪettenw]
wens (de)	талап-тілек	[talap tɪlek]
wensen (ww)	тілеу	[tɪlew]
verbazing (de)	таңдану	[taŋdanw]
verbazen (verwonderen)	таңдандыру	[taŋdandɪrw]
verbaasd zijn (ww)	таңдану	[taŋdanw]
geven (ww)	беру	[berw]
nemen (ww)	алу	[alw]
teruggeven (ww)	қайтару	[qajtarw]
retourneren (ww)	беру, қайтару	[berw], [qajtarw]
zich verontschuldigen	кешірім сұрау	[keʃɪrɪm sʊraw]
verontschuldiging (de)	кешірім	[keʃɪrɪm]
vergeven (ww)	кешіру	[keʃɪrw]
spreken (ww)	сөйлесу	[søjlesw]
luisteren (ww)	тыңдау	[tɪŋdaw]
aanhoren (ww)	тыңдау	[tɪŋdaw]
begrijpen (ww)	түсіну	[tysɪnw]
tonen (ww)	көрсету	[kørsetw]
kijken naar …	қарау	[qaraw]
roepen (vragen te komen)	шақыру	[ʃaqɪrw]
storen (lastigvallen)	кедергі жасау	[kedergɪ ʒasaw]
doorgeven (ww)	беру	[berw]
verzoek (het)	өтініш	[øtɪnɪʃ]
verzoeken (ww)	өтініш ету	[øtɪnɪʃ etw]
eis (de)	талап	[talap]
eisen (met klem vragen)	талап ету	[talap etw]
beledigen (beledigende namen geven)	мазақтау	[mazaqtaw]
uitlachen (ww)	күлкі қылу	[kyʎkɪ qɪlw]
spot (de)	мазақ	[mazaq]
bijnaam (de)	лақап ат	[laqap at]
zinspeling (de)	тұспал	[tʊspal]
zinspelen (ww)	тұспалдау	[tʊspaldaw]
impliceren (duiden op)	жобалап түсіну	[ʒobalap tysɪnw]
beschrijving (de)	сипаттама	[sɪpattama]
beschrijven (ww)	сипаттау	[sɪpattaw]
lof (de)	мақтан	[maqtan]
loven (ww)	мақтау	[maqtaw]
teleurstelling (de)	көңілі қайту	[køŋɪlɪ qajtw]
teleurstellen (ww)	түңілту	[tyŋɪltw]
teleurgesteld zijn (ww)	көңіл қалу	[køŋɪl qalw]
veronderstelling (de)	ұсыныс	[ʊsɪnɪs]
veronderstellen (ww)	шамалау	[ʃamalaw]
waarschuwing (de)	алдын-ала ескерту	[aldɪn ala eskertw]
waarschuwen (ww)	алдын-ала ескерту	[aldɪn ala eskertw]

64. Discussie, conversatie. Deel 3

aanpraten (ww)	көндіру	[køndɪrw]
kalmeren (kalm maken)	жұбату	[ʒʊbɑtw]
stilte (de)	үндемеу	[jundemew]
zwijgen (ww)	үндемеу	[jundemew]
fluisteren (ww)	сыбырлау	[sɪbɪrlɑw]
gefluister (het)	сыбыр	[sɪbɪr]
open, eerlijk (bw)	ашықтан-ашық	[ɑʃɪqtɑn ɑʃɪq]
volgens mij …	менің пікірім бойынша …	[menɪŋ pɪkɪrɪm bɔjɪnʃɑ]
detail (het)	толықтық	[tɔlɪqtɪq]
gedetailleerd (bn)	толық	[tɔlɪq]
gedetailleerd (bw)	толық	[tɔlɪq]
hint (de)	ойға салу	[ɔjɣɑ sɑlw]
een hint geven	ойға түсіре айт	[ɔjɣɑ tysɪrɛ ɑjtw]
blik (de)	көзқарас	[køzqɑrɑs]
een kijkje nemen	назар салу	[nɑzɑr sɑlw]
strak (een ~ke blik)	қадалған	[qɑdɑlɣɑn]
knipperen (ww)	жыпылықтау	[ʒɪpɪlɪqtɑw]
knipogen (ww)	жыпылықтау	[ʒɪpɪlɪqtɑw]
knikken (ww)	бас изеу	[bɑs ɪzew]
zucht (de)	дем	[dem]
zuchten (ww)	ішке дем тарту	[ɪʃke dem tɑrtw]
huiveren (ww)	селк ету	[selk etw]
gebaar (het)	дене қимылы	[dene qɪmɪlɪ]
aanraken (ww)	тию	[tɪju]
grijpen (ww)	жармасу	[ʒɑrmɑsw]
een schouderklopje geven	соғу	[sɔɣw]
Kijk uit!	Абайла!	[ɑbɑjlɑ]
Echt?	Шынымен?	[ʃɪnɪmen]
Bent je er zeker van?	Сенімдісін бе?	[senɪmdɪsɪn be]
Succes!	Сәтті бол!	[sættɪ bɔl]
Juist, ja!	Түсінікті!	[tysɪnɪktɪ]
Wat jammer!	Әттең-ай!	[ætteŋ ɑj]

65. Overeenstemming. Weigering

instemming (het)	келісім	[kelɪsɪm]
instemmen (akkoord gaan)	келесу	[kelesw]
goedkeuring (de)	жақтыру	[ʒɑqtɪrw]
goedkeuren (ww)	мақұлдау	[mɑqʊldɑw]
weigering (de)	бас тарту	[bɑs tɑrtw]
weigeren (ww)	бас тарту	[bɑs tɑrtw]
Geweldig!	Керемет!	[keremet]
Goed!	Жақсы!	[ʒɑqsɪ]

Akkoord!	Жарайды!	[ʒarajdɪ]
verboden (bn)	рұқсат етілмеген	[rʊqsat etɪlmegen]
het is verboden	болмайды	[bɔlmajdɪ]
het is onmogelijk	мүмкін емес	[mymkɪn emes]
onjuist (bn)	дұрыс емес	[dʊrɪs emes]

afwijzen (ww)	қабылдамау	[qabɪldamaw]
steunen	қолдау	[qɔldaw]
(een goed doel, enz.)		
aanvaarden (excuses ~)	қабылдап алу	[qabɪldap alw]

| bevestigen (ww) | растау | [rastaw] |
| bevestiging (de) | растау | [rastaw] |

toestemming (de)	рұқсат	[rʊqsat]
toestaan (ww)	рұқсат ету	[rʊqsat etw]
beslissing (de)	шешім	[ʃæʃɪm]
z'n mond houden (ww)	үндемеу	[jundemew]

voorwaarde (de)	шарт	[ʃart]
smoes (de)	сылтау	[sɪltaw]
lof (de)	мақтау	[maqtaw]
loven (ww)	мақтау	[maqtaw]

66. Succes. Veel geluk. Mislukking

succes (het)	табыс	[tabɪs]
succesvol (bw)	табысты	[tabɪstɪ]
succesvol (bn)	табысты	[tabɪstɪ]

| geluk (het) | сәттілік | [sættɪlɪk] |
| Succes! | сәтті бол! | [sættɪ bɔl] |

| geluks- (bn) | сәтті | [sættɪ] |
| gelukkig (fortuinlijk) | сәтті | [sættɪ] |

mislukking (de)	сәтсіздік	[sætsɪzdɪk]
tegenslag (de)	қырсықтық	[qɪrsɪqtɪq]
pech (de)	қырсықтық	[qɪrsɪqtɪq]

| zonder succes (bn) | сәтсіз | [sætsɪz] |
| catastrofe (de) | апат | [apat] |

fierheid (de)	намыс	[namɪs]
fier (bn)	тәкаппар	[tækappar]
fier zijn (ww)	мақтан ету	[maqtan etw]

| winnaar (de) | жеңімпаз | [ʒeŋɪmpaz] |
| winnen (ww) | жеңу | [ʒeŋw] |

verliezen (ww)	жеңілу	[ʒeŋɪlw]
poging (de)	талап	[talap]
pogen, proberen (ww)	талпыну	[talpɪnw]
kans (de)	мүмкіндік	[mymkɪndɪk]

67. Ruzies. Negatieve emoties

schreeuw (de)	айқай	[ajqaj]
schreeuwen (ww)	айқайлау	[ajqajlaw]
beginnen te schreeuwen	айқайлау	[ajqajlaw]

ruzie (de)	ұрыс	[ʊrɪs]
ruzie hebben (ww)	ұрысу	[ʊrɪsw]
schandaal (het)	сойқан	[sɔjqan]
schandaal maken (ww)	сойқандау	[sɔjqandaw]
conflict (het)	дау-жанжал	[daw ʒanʒal]
misverstand (het)	түсінбестік	[tysınbestık]

belediging (de)	жәбірлеу	[ʒæbırlew]
beledigen (met scheldwoorden)	жәбірлеу	[ʒæbırlew]
beledigd (bn)	жәбірленген	[ʒæbırleŋen]
krenking (de)	реніш	[renıʃ]
krenken (beledigen)	ренжіту	[renʒıtw]
gekwetst worden (ww)	ренжу	[renʒw]

verontwaardiging (de)	қатты ашу	[qattı aʃw]
verontwaardigd zijn (ww)	ашыну	[aʃınw]
klacht (de)	арыз	[arız]
klagen (ww)	наразылық білдіру	[narazılıq bıʎdırw]

verontschuldiging (de)	кешірім	[keʃırım]
zich verontschuldigen	кешірім сұрау	[keʃırım sʊraw]
excuus vragen	кешірім сұрау	[keʃırım sʊraw]

kritiek (de)	сын	[sın]
bekritiseren (ww)	сынау	[sınaw]
beschuldiging (de)	айып	[ajıp]
beschuldigen (ww)	айыптау	[ajıptaw]

wraak (de)	кек	[kek]
wreken (ww)	кек алу	[kek alw]
wraak nemen (ww)	өш алу	[øʃ alw]

minachting (de)	сескенбеу	[seskenbew]
minachten (ww)	сескенбеу	[seskenbew]
haat (de)	өшпенділік	[øʃpendılık]
haten (ww)	жек көру	[ʒek kørw]

zenuwachtig (bn)	күйгелек	[kyjgelek]
zenuwachtig zijn (ww)	абыржу	[abırʒw]
boos (bn)	ашулы	[aʃwlı]
boos maken (ww)	ашуландыру	[aʃwlandırw]

vernedering (de)	қорлаушылық	[qorlawʃılıq]
vernederen (ww)	қорлау	[qorlaw]
zich vernederen (ww)	қорлану	[qorlanw]

schok (de)	сандырақ	[sandıraq]
schokken (ww)	сандырақтау	[sandıraqtaw]

onaangenaamheid (de)	жағымсыздық	[ʒaɣımsızdıq]
onaangenaam (bn)	жағымсыз	[ʒaɣımsız]
vrees (de)	қорқыныш	[qorqınıʃ]
vreselijk (bijv. ~ onweer)	ғаламат	[ɣalamat]
eng (bn)	қорқынышты	[qorqınıʃtı]
gruwel (de)	қорқыныш	[qorqınıʃ]
vreselijk (~ nieuws)	қорқынышты	[qorqınıʃtı]
beginnen te beven	дірілдеп кету	[dırıldep ketw]
huilen (wenen)	жылау	[ʒılaw]
beginnen te huilen (wenen)	жылай бастау	[ʒılaj bastaw]
traan (de)	жас	[ʒas]
schuld (~ geven aan)	күнә, қате	[kynæ], [qate]
schuldgevoel (het)	күнә	[kynæ]
schande (de)	масқара	[masqara]
protest (het)	қарсылық	[qarsılıq]
stress (de)	есеңгіреу	[eseŋgırew]
storen (lastigvallen)	мазалау	[mazalaw]
kwaad zijn (ww)	ызалану	[ızalanw]
kwaad (bn)	ашулы	[aʃwlı]
beëindigen (een relatie ~)	доғару	[doɣarw]
vloeken (ww)	ұрысу	[urısw]
schrikken (schrik krijgen)	шошу	[ʃoʃw]
slaan (iemand ~)	қағып жіберу	[qaɣıp ʒıberw]
vechten (ww)	төбелесу	[tøbelesw]
regelen (conflict)	реттеу	[rettew]
ontevreden (bn)	наразы	[narazı]
woedend (bn)	қанарлы	[qanarlı]
Dat is niet goed!	Бұл жақсы емес!	[bul ʒaqsı emes]
Dat is slecht!	Бұл жаман!	[bul ʒaman]

Geneeskunde

68. Ziekten

ziekte (de)	науқас	[nawqas]
ziek zijn (ww)	науқастану	[nawqastanw]
gezondheid (de)	денсаулық	[densawlıq]
snotneus (de)	тұмау	[tʊmaw]
angina (de)	ангина	[aŋına]
verkoudheid (de)	суық тию	[swıq tıju]
verkouden raken (ww)	суық тигізіп алу	[swıq tıgızıp alw]
bronchitis (de)	бронхит	[brɔnhıt]
longontsteking (de)	өкпенің талаурауы	[økpenıŋ talawrawı]
griep (de)	тұмау	[tʊmaw]
bijziend (bn)	алыстан көрмейтін	[alıstan kørmejtın]
verziend (bn)	алыс көргіш	[alıs kørgıʃ]
scheelheid (de)	шапыраш	[ʃapıraʃ]
scheel (bn)	шапыраш	[ʃapıraʃ]
grauwe staar (de)	шел	[ʃæl]
glaucoom (het)	глаукома	[glawkɔma]
beroerte (de)	инсульт	[ınswʌt]
hartinfarct (het)	инфаркт	[ınfarkt]
myocardiaal infarct (het)	миокард инфарктісі	[mıɔkard ınfarktısı]
verlamming (de)	сал	[sal]
verlammen (ww)	сал болу	[sal bɔlw]
allergie (de)	аллергия	[allergıja]
astma (de/het)	демікпе	[demıkpe]
diabetes (de)	диабет	[dıabet]
tandpijn (de)	тіс ауруы	[tıs awrwı]
tandbederf (het)	тістотық	[tıstɔtıq]
diarree (de)	іш ауру	[ıʃ awrw]
constipatie (de)	іш қату	[ıʃ qatw]
maagstoornis (de)	асқазанның бұзылуы	[asqazaŋıŋ bʊzılwı]
voedselvergiftiging (de)	улану	[wlanw]
voedselvergiftiging oplopen	улану	[wlanw]
artritis (de)	шорбуын	[ʃɔrbwın]
rachitis (de)	итауру	[ıtawrw]
reuma (het)	ревматизм	[revmatızm]
arteriosclerose (de)	умытшақтық	[wmıtʃaqtıq]
gastritis (de)	гастрит	[gastrıt]
blindedarmontsteking (de)	аппендицит	[appendıtsıt]

| galblaasontsteking (de) | өт қабының қабынуы | [øt qabınıŋ qabınwı] |
| zweer (de) | ойық жара | [ɔjıq ʒara] |

mazelen (mv.)	қызылша	[qızılʃa]
rodehond (de)	қызамық	[qızamıq]
geelzucht (de)	сарылық	[sarılıq]
leverontsteking (de)	бауыр қабынуы	[bawır qabınwı]

schizofrenie (de)	шизофрения	[ʃizɔfrenija]
dolheid (de)	құтырғандық	[qʊtırɣandıq]
neurose (de)	невроз	[nevrɔz]
hersenschudding (de)	ми шақалауы	[mı ʃaqalawı]

kanker (de)	бейдауа	[bejdawa]
sclerose (de)	склероз	[sklerɔz]
multiple sclerose (de)	ұмытшақ склероз	[ʊmıtʃaq sklerɔz]

alcoholisme (het)	маскүнемдік	[maskynemdık]
alcoholicus (de)	маскүнем	[maskynem]
syfilis (de)	сифилис	[sıfılıs]
AIDS (de)	ЖИТС	[ʒıts]

tumor (de)	ісік	[ısık]
koorts (de)	безгек	[bezgek]
malaria (de)	ұшық	[ʊʃıq]
gangreen (het)	гангрена	[gaŋrena]
zeeziekte (de)	теңіз ауруы	[teŋız awrwı]
epilepsie (de)	қояншық	[qɔjanʃıq]

epidemie (de)	жаппай ауру	[ʒappaj awrw]
tyfus (de)	кезік	[kezık]
tuberculose (de)	жегі	[ʒegı]
cholera (de)	тырысқақ	[tırısqaq]
pest (de)	мәлік	[mælık]

69. Symptomen. Behandelingen. Deel 1

symptoom (het)	белгі	[belgı]
temperatuur (de)	дене қызымы	[dene qızımı]
verhoogde temperatuur (de)	ыстығы котерілу	[ıstıɣı kɔterılw]
polsslag (de)	тамыр соғуы	[tamır sɔɣwı]

duizeling (de)	бас айналу	[bas ajnalw]
heet (erg warm)	ыстық	[ıstıq]
koude rillingen (mv.)	қалтырау	[qaltıraw]
bleek (bn)	өңсіз	[øŋsız]

hoest (de)	жөтел	[ʒøtel]
hoesten (ww)	жөтелу	[ʒøtelw]
niezen (ww)	түшкіру	[tyʃkırw]
flauwte (de)	талу	[talw]
flauwvallen (ww)	талып қалу	[talıp qalw]
blauwe plek (de)	когелген ет	[kɔgelgen et]
buil (de)	томпақ	[tɔmpaq]

zich stoten (ww)	ұрыну	[ʊrınw]
kneuzing (de)	жарақат	[ʒaraqat]
kneuzen (gekneusd zijn)	зақымдану	[zaqımdanw]

hinken (ww)	ақсаңдау	[aqsaŋdaw]
verstuiking (de)	буынын шығару	[bwının ʃıɣarw]
verstuiken (enkel, enz.)	шығып кету	[ʃıɣıp ketw]
breuk (de)	сыну	[sınw]
een breuk oplopen	сындырып алу	[sındırıp alw]

snijwond (de)	жара	[ʒara]
zich snijden (ww)	кесу	[kesw]
bloeding (de)	қан кету	[qan ketw]

| brandwond (de) | күйген жер | [kyjgen ʒer] |
| zich branden (ww) | күю | [kʊju] |

prikken (ww)	шаншу	[ʃanʃw]
zich prikken (ww)	шаншылу	[ʃanʃılw]
blesseren (ww)	зақымдау	[zaqımdaw]
blessure (letsel)	зақым	[zaqım]
wond (de)	жарақат	[ʒaraqat]
trauma (het)	жарақат	[ʒaraqat]

IJlen (ww)	еліру	[elırw]
stotteren (ww)	тұтығу	[tʊtıɣw]
zonnesteek (de)	басынан күн өту	[basınan kyn øtw]

70. Symptomen. Behandelingen. Deel 2

| pijn (de) | ауру | [awrw] |
| splinter (de) | тікен | [tıken] |

zweet (het)	тер	[ter]
zweten (ww)	терлеу	[terlew]
braking (de)	құсық	[qʊsıq]
stuiptrekkingen (mv.)	түйілу	[tyjılw]

zwanger (bn)	жүкті	[ʒyktı]
geboren worden (ww)	туу	[tww]
geboorte (de)	босану	[bɔsanw]
baren (ww)	босану	[bɔsanw]
abortus (de)	түсік	[tysık]

ademhaling (de)	дем	[dem]
inademing (de)	дем тарту	[dem tartw]
uitademing (de)	дем шығару	[dem ʃıɣarw]
uitademen (ww)	дем шығару	[dem ʃıɣarw]
inademen (ww)	дем тарту	[dem tartw]

invalide (de)	мүгедек	[mygedek]
gehandicapte (de)	мүгедек	[mygedek]
drugsverslaafde (de)	нашақор	[naʃaqɔr]
doof (bn)	саңырау	[saŋıraw]

| stom (bn) | мылқау | [mɪlqaw] |
| doofstom (bn) | керең-мылқау | [kereŋ mɪlqaw] |

krankzinnig (bn)	есуас	[eswas]
krankzinnige (man)	жынды	[ʒɪndɪ]
krankzinnige (vrouw)	жынды	[ʒɪndɪ]
krankzinnig worden	ақылдан айрылу	[aqɪldan ajrɪlw]

gen (het)	ген	[gen]
immuniteit (de)	иммунитет	[ɪmmwnɪtet]
erfelijk (bn)	мұралық	[mʊralɪq]
aangeboren (bn)	туа біткен ауру	[twa bɪtken awrw]

virus (het)	вирус	[wɪrws]
microbe (de)	микроб	[mɪkrɔb]
bacterie (de)	бактерия	[bakterɪja]
infectie (de)	індет	[ɪndet]

71. Symptomen. Behandelingen. Deel 3

| ziekenhuis (het) | емхана | [emhana] |
| patiënt (de) | емделуші | [emdelwʃɪ] |

diagnose (de)	диагноз	[dɪagnɔz]
genezing (de)	емдеу	[emdew]
medische behandeling (de)	емдеу	[emdew]
onder behandeling zijn	емделу	[emdelw]
behandelen (ww)	емдеу	[emdew]
zorgen (zieken ~)	бағып-қағу	[baɣɪp qaɣw]
ziekenzorg (de)	бағып-қағу	[baɣɪp qaɣw]

operatie (de)	операция	[ɔperatsɪja]
verbinden (een arm ~)	матау	[mataw]
verband (het)	таңу	[taŋw]

vaccin (het)	екпе	[ekpe]
inenten (vaccineren)	егу	[egw]
injectie (de)	шаншу	[ʃanʃw]
een injectie geven	шаншу	[ʃanʃw]

amputatie (de)	ампутация	[ampwtatsɪja]
amputeren (ww)	ампутациялау	[ampwtatsɪjalaw]
coma (het)	кома	[kɔma]
in coma liggen	комада болу	[kɔmada bɔlw]
intensieve zorg, ICU (de)	реанимация	[reanɪmatsɪja]

zich herstellen (ww)	жазыла бастау	[ʒazɪla bastaw]
toestand (de)	хал	[hal]
bewustzijn (het)	ақыл-ой	[aqɪl ɔj]
geheugen (het)	ес	[es]

trekken (een kies ~)	жұлу	[ʒʊlw]
vulling (de)	пломба	[plɔmba]
vullen (ww)	пломба салу	[plɔmba salw]

hypnose (de)	гипноз	[gɪpnɔz]
hypnotiseren (ww)	гипноздау	[gɪpnɔzdɑw]

72. Artsen

dokter, arts (de)	дәрігер	[dærɪger]
ziekenzuster (de)	медбике	[medbɪke]
lijfarts (de)	жеке дәрігер	[ʒeke dærɪger]
tandarts (de)	тіс дәрігері	[tɪs dærɪgerɪ]
oogarts (de)	көз дәрігері	[køz dærɪgerɪ]
therapeut (de)	терапевт	[terɑpevt]
chirurg (de)	хирург	[hɪrwrg]
psychiater (de)	психиатр	[psɪhɪɑtr]
pediater (de)	педиатр	[pedɪɑtr]
psycholoog (de)	психолог	[psɪhɔlɔg]
gynaecoloog (de)	гинеколог	[gɪnekɔlɔg]
cardioloog (de)	кардиолог	[kardɪɔlɔg]

73. Geneeskunde. Medicijnen. Accessoires

geneesmiddel (het)	дәрі	[dærɪ]
middel (het)	дауа	[dɑwɑ]
voorschrijven (ww)	дәрі жазып беру	[dærɪ ʒɑzɪp berw]
recept (het)	рецепт	[retsept]
tablet (de/het)	дәрі	[dærɪ]
zalf (de)	май	[mɑj]
ampul (de)	ампула	[ɑmpwlɑ]
drank (de)	микстура	[mɪkstwrɑ]
siroop (de)	шәрбат	[ʃærbɑt]
pil (de)	домалақ дәрі	[dɔmɑlɑq dærɪ]
poeder (de/het)	ұнтақ	[untɑq]
verband (het)	бинт	[bɪnt]
watten (mv.)	мақта	[mɑqtɑ]
jodium (het)	йод	[jod]
pleister (de)	лейкопластырь	[lejkɔplɑstɪrʲ]
pipet (de)	тамызғыш	[tɑmɪzɣɪʃ]
thermometer (de)	градусник	[grɑdwsnɪk]
spuit (de)	шприц	[ʃprɪts]
rolstoel (de)	мүгедек күймесі	[mygedek kyjmesɪ]
krukken (mv.)	балдақтар	[bɑldɑqtɑr]
pijnstiller (de)	ауыруды сездірмейтін дәрі	[awɪrwdɪ sezdɪrmejtɪn dærɪ]
laxeermiddel (het)	іш өткізгіш дәрі	[ɪʃ øtkɪzgɪʃ dærɪ]
spiritus (de)	спирт	[spɪrt]
medicinale kruiden (mv.)	шөп	[ʃøp]
kruiden- (abn)	шөпті	[ʃøptɪ]

74. Roken. Tabaksproducten

tabak (de)	темекі	[temekı]
sigaret (de)	шылым	[ʃılım]
sigaar (de)	сигара	[sıgara]
pijp (de)	трубка	[trwbka]
pakje (~ sigaretten)	десте	[deste]

lucifers (mv.)	сіріңке	[sırıŋke]
luciferdoosje (het)	сіріңке қорабы	[sırıŋke qorabı]
aansteker (de)	оттық	[ɔttıq]
asbak (de)	күлдеуіш	[kyldewıʃ]
sigarettendoosje (het)	портсигар	[pɔrtsıgar]

sigarettenpijpje (het)	мүштік	[myʃtık]
filter (de/het)	сүзгіш	[syzgıʃ]

roken (ww)	шылым тарту	[ʃılım tartw]
een sigaret opsteken	шылым тарту	[ʃılım tartw]
roken (het)	темекі тарту	[temekı tartw]
roker (de)	шылымқұмар	[ʃılımqumar]

peuk (de)	тұқыл	[tuqıl]
rook (de)	түтін	[tytın]
as (de)	күл	[kyl]

HET MENSELIJKE LEEFGEBIED

Stad

75. Stad. Het leven in de stad

stad (de)	қала	[qala]
hoofdstad (de)	астана	[astana]
dorp (het)	ауыл	[awıl]
plattegrond (de)	қаланың жоспары	[qalanıŋ ʒɔsparı]
centrum (ov. een stad)	қаланың орталығы	[qalanıŋ ɔrtalıɣı]
voorstad (de)	қала маңы	[qala maŋı]
voorstads- (abn)	қала маңайы	[qala maŋajı]
randgemeente (de)	түкпір	[tykpır]
omgeving (de)	айнала-төңірек	[ajnalatøŋırek]
blok (huizenblok)	квартал	[kvartal]
woonwijk (de)	тұрғын квартал	[turɣın kvartal]
verkeer (het)	жүріс	[ʒyrıs]
verkeerslicht (het)	бағдаршам	[baɣdarʃam]
openbaar vervoer (het)	қала көлігі	[qala kølıgı]
kruispunt (het)	жол торабы	[ʒɔl tɔrabı]
zebrapad (oversteekplaats)	өтпелі	[øtpelı]
onderdoorgang (de)	жерасты өтпе жолы	[ʒerastı øtpe ʒɔlı]
oversteken (de straat ~)	өту	[øtw]
voetganger (de)	жаяу	[ʒajaw]
trottoir (het)	жаяулар жүретін жол	[ʒajawlar ʒyretın ʒɔl]
brug (de)	көпір	[køpır]
dijk (de)	жағалау	[ʒaɣalaw]
allee (de)	саяжол	[sajaʒɔl]
park (het)	саябақ	[sajabaq]
boulevard (de)	бульвар	[bwʎvar]
plein (het)	алаң	[alaŋ]
laan (de)	даңғыл	[daŋɣıl]
straat (de)	көше	[køʃæ]
zijstraat (de)	тұйық көше	[tujıq køʃæ]
doodlopende straat (de)	тұйық	[tujıq]
huis (het)	үй	[juj]
gebouw (het)	ғимарат	[ɣımarat]
wolkenkrabber (de)	зеңгір үй	[zeŋgır juj]
gevel (de)	фасад	[fasad]
dak (het)	шатыр	[ʃatır]

venster (het)	терезе	[tereze]
boog (de)	дарбаза	[darbaza]
pilaar (de)	колонна	[kɔlɔŋa]
hoek (ov. een gebouw)	бұрыш	[bʊrɪʃ]

vitrine (de)	көрме	[kørme]
gevelreclame (de)	маңдайша жазу	[maŋdajʃa ʒazw]
affiche (de/het)	жарқағаз	[ʒarqaɣaz]
reclameposter (de)	жарнамалық плакат	[ʒarnamalıq plakat]
aanplakbord (het)	жарнама қалқаны	[ʒarnama qalqanı]

vuilnis (de/het)	қоқым-соқым	[qɔqım sɔqım]
vuilnisbak (de)	қоқыс салатын урна	[qɔqıs salatın wrna]
afval weggooien (ww)	қоқыту	[qɔqıtw]
stortplaats (de)	қоқыс тастайтын жер	[qɔqıs tastajtın ʒer]

telefooncel (de)	телефон будкасі	[telefɔn bwdkası]
straatlicht (het)	фонарь бағанасы	[fɔnarʲ baɣanası]
bank (de)	орындық	[ɔrındıq]

politieagent (de)	полицей	[pɔlıtsej]
politie (de)	полиция	[pɔlıtsıja]
zwerver (de)	қайыршы	[qajırʃı]
dakloze (de)	үйсіз	[jujsız]

76. Stedelijke instellingen

winkel (de)	дүкен	[dyken]
apotheek (de)	дәріхана	[dærıhana]
optiek (de)	оптика	[ɔptıka]
winkelcentrum (het)	сауда орталығы	[sawda ɔrtalıɣı]
supermarkt (de)	супермаркет	[swpermarket]

bakkerij (de)	тоқаш сататын дүкен	[tɔqaʃ satatın dyken]
bakker (de)	наубайшы	[nawbajʃı]
banketbakkerij (de)	кондитер	[kɔndıter]
kruidenier (de)	бакалея	[bakaleja]
slagerij (de)	ет дүкені	[et dykenı]

| groentewinkel (de) | көкөнісдүкені | [køkønısdykenı] |
| markt (de) | нарық | [narıq] |

koffiehuis (het)	кафе	[kafe]
restaurant (het)	мейрамхана	[mejramhana]
bar (de)	сырахана	[sırahana]
pizzeria (de)	пиццерия	[pıtserıja]

kapperssalon (de/het)	шаштараз	[ʃaʃtaraz]
postkantoor (het)	пошта	[pɔʃta]
stomerij (de)	химиялық тазалау	[hımıjalıq tazalaw]
fotostudio (de)	фотосурет шеберханасы	[fɔtɔswret ʃæberhanası]

| schoenwinkel (de) | аяқ киім дүкені | [ajaq kɪːm dykenı] |
| boekhandel (de) | кітап дүкені | [kıtap dykenı] |

sportwinkel (de)	спорт дүкені	[sport dykenı]
kledingreparatie (de)	киім жөндеу	[kı:m ʒøndew]
kledingverhuur (de)	киімді жалға беру	[kı:mdı ʒalɣa berw]
videotheek (de)	фильмді жалға беру	[fıʎmdı ʒalɣa berw]
circus (de/het)	цирк	[tsırk]
dierentuin (de)	айуанаттар паркі	[ajwanattar parkı]
bioscoop (de)	кинотеатр	[kınoteatr]
museum (het)	музей	[mwzej]
bibliotheek (de)	кітапхана	[kıtaphana]
theater (het)	театр	[teatr]
opera (de)	опера	[opera]
nachtclub (de)	түнгі клуб	[tyŋı klwb]
casino (het)	казино	[kazıno]
moskee (de)	мешіт	[meʃıt]
synagoge (de)	синагога	[sınagoga]
kathedraal (de)	кесене	[kesene]
tempel (de)	ғибадатхана	[ɣıbadathana]
kerk (de)	шіркеу	[ʃırkew]
instituut (het)	институт	[ınstıtwt]
universiteit (de)	университет	[wnıwersıtet]
school (de)	мектеп	[mektep]
gemeentehuis (het)	әкімшілік	[ækımʃılık]
stadhuis (het)	әкімдік	[ækımdık]
hotel (het)	қонақ үй	[qonaq juj]
bank (de)	банк	[baŋk]
ambassade (de)	елшілік	[elʃılık]
reisbureau (het)	туристік агенттік	[twrıstık agenttık]
informatieloket (het)	анықтама бюросы	[anıqtama byrosı]
wisselkantoor (het)	айырбас пункті	[ajırbas pwŋktı]
metro (de)	метро	[metro]
ziekenhuis (het)	емхана	[emhana]
benzinestation (het)	жанармай	[ʒanarmaj]
parking (de)	тұрақ	[tʊraq]

77. Stedelijk vervoer

bus, autobus (de)	автобус	[avtobws]
tram (de)	трамвай	[tramvaj]
trolleybus (de)	троллейбус	[trollejbws]
route (de)	бағдар	[baɣdar]
nummer (busnummer, enz.)	нөмір	[nømır]
rijden met ...	... бару	[barw]
stappen (in de bus ~)	отыру	[otırw]
afstappen (ww)	шығу	[ʃıɣw]
halte (de)	аялдама	[ajaldama]

volgende halte (de)	келесі аялдама	[kelesı ajaldama]
eindpunt (het)	соңғы аялдама	[sɔŋɣɪ ajaldama]
dienstregeling (de)	кесте	[keste]
wachten (ww)	тосу	[tɔsw]

| kaartje (het) | билет | [bılet] |
| reiskosten (de) | билеттің құны | [bılettıŋ qʊnı] |

kassier (de)	кассир	[kassır]
kaartcontrole (de)	бақылау	[baqılaw]
controleur (de)	бақылаушы	[baqılawʃı]

te laat zijn (ww)	кешігу	[keʃıgw]
missen (de bus ~)	кешігу	[keʃıgw]
zich haasten (ww)	асығу	[asıɣw]

taxi (de)	такси	[taksı]
taxichauffeur (de)	таксист	[taksıst]
met de taxi (bw)	таксимен	[taksımen]
taxistandplaats (de)	такси тұрағы	[taksı tʊraɣı]
een taxi bestellen	такси жалдау	[taksı ʒaldaw]
een taxi nemen	такси жалдау	[taksı ʒaldaw]

verkeer (het)	көше қозғалысы	[køʃæ qɔzɣalısı]
file (de)	тығын	[tıɣın]
spitsuur (het)	қарбалас сағаттары	[qarbalas saɣattarı]
parkeren (on.ww.)	көлікті қою	[kølıktı qɔju]
parkeren (ov.ww.)	көлікті қою	[kølıktı qɔju]
parking (de)	тұрақ	[tʊraq]

metro (de)	метро	[metrɔ]
halte (bijv. kleine treinhalte)	бекет	[beket]
de metro nemen	метромен жүру	[metrɔmen ʒyrw]
trein (de)	пойыз	[pɔjız]
station (treinstation)	вокзал	[vɔkzal]

78. Bezienswaardigheden

monument (het)	ескерткіш	[eskertkıʃ]
vesting (de)	қамал	[qamal]
paleis (het)	сарай	[saraj]
kasteel (het)	сарай	[saraj]
toren (de)	мұнара	[mʊnara]
mausoleum (het)	мазар	[mazar]

architectuur (de)	сәулет	[sæwlet]
middeleeuws (bn)	орта ғасырлы	[ɔrta ɣasırlı]
oud (bn)	ескі	[eskı]
nationaal (bn)	ұлттық	[ʊlttıq]
bekend (bn)	атаулы	[atawlı]

toerist (de)	турист	[twrıst]
gids (de)	гид	[gıd]
rondleiding (de)	экскурсия	[ɛkskwrsıja]

| tonen (ww) | көрсету | [kørsetw] |
| vertellen (ww) | әңгімелеу | [æŋgɪmelew] |

vinden (ww)	табу	[tabw]
verdwalen (de weg kwijt zijn)	жоғалу	[ʒɔɣalw]
plattegrond (~ van de metro)	схема	[shema]
plattegrond (~ van de stad)	жоспар	[ʒɔspar]

souvenir (het)	базарлық	[bazarlıq]
souvenirwinkel (de)	базарлық дүкені	[bazarlıq dwkenı]
een foto maken (ww)	суретке түсіру	[swretke tysırw]
zich laten fotograferen	суретке түсу	[swretke tysw]

79. Winkelen

kopen (ww)	сатып алу	[satıp alw]
aankoop (de)	сатып алынған зат	[satıp alınɣan zat]
winkelen (ww)	сауда жасау	[sawda ʒasaw]
winkelen (het)	шоппинг	[ʃɔppıŋ]

| open zijn (ov. een winkel, enz.) | жұмыс істеу | [ʒʊmıs ıstew] |

| gesloten zijn (ww) | жабылу | [ʒabılw] |

schoeisel (het)	аяқ киім	[ajaq kı:m]
kleren (mv.)	киім	[kı:m]
cosmetica (de)	косметика	[kɔsmetıka]
voedingswaren (mv.)	азық-түлік	[azıq tylık]
geschenk (het)	сыйлық	[sıjlıq]

| verkoper (de) | сатушы | [satwʃı] |
| verkoopster (de) | сатушы | [satwʃı] |

kassa (de)	касса	[kassa]
spiegel (de)	айна	[ajna]
toonbank (de)	сатушы сөресі	[satwʃı søresı]
paskamer (de)	киіну бөлмесі	[kı:nw bølmesı]

aanpassen (ww)	шақтап көру	[ʃaqtap kørw]
passen (ov. kleren)	жарасу	[ʒarasw]
bevallen (prettig vinden)	ұнау	[ʊnaw]

prijs (de)	баға	[baɣa]
prijskaartje (het)	бағалық	[baɣalıq]
kosten (ww)	тұру	[tʊrw]
Hoeveel?	Қанша?	[qanʃa]
korting (de)	шегерім	[ʃægerım]

niet duur (bn)	қымбат емес	[qımbat emes]
goedkoop (bn)	арзан	[arzan]
duur (bn)	қымбат	[qımbat]
Dat is duur.	бұл қымбат	[bʊl qımbat]
verhuur (de)	жалға беру	[ʒalɣa berw]
huren (smoking, enz.)	жалға алу	[ʒalɣa alw]

| krediet (het) | несие | [nesıe] |
| op krediet (bw) | несиеге | [nesıege] |

80. Geld

geld (het)	ақша	[aqʃa]
ruil (de)	айырбастау	[ajırbastaw]
koers (de)	курс	[kwrs]
geldautomaat (de)	банкомат	[baŋkɔmat]
muntstuk (de)	тиын	[tı:n]

| dollar (de) | доллар | [dɔllar] |
| euro (de) | еуро | [ewrɔ] |

lire (de)	лира	[lıra]
Duitse mark (de)	марка	[marka]
frank (de)	франк	[fraŋk]
pond sterling (het)	фунт-стерлинг	[fwnt sterlıŋ]
yen (de)	йена	[jena]

schuld (geldbedrag)	қарыз	[qarız]
schuldenaar (de)	қарыздар	[qarızdar]
uitlenen (ww)	қарызға беру	[qarızɣa berw]
lenen (geld ~)	қарызға алу	[qarızɣa alw]

bank (de)	банкі	[baŋkı]
bankrekening (de)	шот	[ʃɔt]
op rekening storten	шотқа салу	[ʃɔtqa salw]
opnemen (ww)	шоттан шығару	[ʃɔttan ʃıɣarw]

kredietkaart (de)	кредиттік карта	[kredıttık karta]
baar geld (het)	қолма-қол ақша	[qɔlma qɔl aqʃa]
cheque (de)	чек	[ʧek]
een cheque uitschrijven	чек жазу	[ʧek ʒazw]
chequeboekje (het)	чек кітапшасы	[ʧek kıtapʃası]

portefeuille (de)	әмиян	[æmıjan]
geldbeugel (de)	әмиян	[æmıjan]
portemonnee (de)	әмиян	[æmıjan]
safe (de)	жағдан	[ʒaɣdan]

erfgenaam (de)	мұрагер	[mʊrager]
erfenis (de)	мұра	[mʊra]
fortuin (het)	дәулет	[dæwlet]

huur (de)	жалгерлік	[ʒalgerlık]
huurprijs (de)	пәтер ақы	[pæter aqı]
huren (huis, kamer)	жалға алу	[ʒalɣa alw]

prijs (de)	баға	[baɣa]
kostprijs (de)	баға	[baɣa]
som (de)	сома	[sɔma]
uitgeven (geld besteden)	шығын қылу	[ʃıɣın qılw]
kosten (mv.)	шығындар	[ʃıɣındar]

| bezuinigen (ww) | үнемдеу | [junemdew] |
| zuinig (bn) | үнемді | [junemdı] |

betalen (ww)	төлеу	[tølew]
betaling (de)	төлем-ақы	[tølem aqı]
wisselgeld (het)	қайыру	[qajırw]

belasting (de)	салық	[salıq]
boete (de)	айыппұл	[ajıppʊl]
beboeten (bekeuren)	айып салу	[ajıp salw]

81. Post. Postkantoor

postkantoor (het)	пошта	[poʃta]
post (de)	пошта, хат және	[poʃta], [hat ʒæne]
postbode (de)	пошташы	[poʃtaʃı]
openingsuren (mv.)	жұмыс сағаттары	[ʒʊmıs saɣattarı]

brief (de)	хат	[hat]
aangetekende brief (de)	тапсырыс хат	[tapsırıs hat]
briefkaart (de)	ашық хат	[aʃıq hat]
telegram (het)	жеделхат	[ʒedelhat]
postpakket (het)	сәлемдеме	[sælemdeme]
overschrijving (de)	ақша аударылымы	[aqʃa awdarılımı]

ontvangen (ww)	алу	[alw]
sturen (zenden)	жіберу	[ʒıberw]
verzending (de)	жөнелту	[ʒøneltw]

adres (het)	мекен жай	[meken ʒaj]
postcode (de)	индекс	[ındeks]
verzender (de)	жөнелтуші	[ʒøneltwʃı]
ontvanger (de)	алушы	[alwʃı]

| naam (de) | ат | [at] |
| achternaam (de) | фамилия | [famılıja] |

tarief (het)	тариф	[tarıf]
standaard (bn)	кәдімгі	[kædımgı]
zuinig (bn)	үнемді	[junemdı]

gewicht (het)	салмақ	[salmaq]
afwegen (op de weegschaal)	өлшеу	[ølʃew]
envelop (de)	конверт	[kɔnwert]
postzegel (de)	марка	[marka]

Woning. Huis. Thuis

82. Huis. Woning

huis (het)	үй	[juj]
thuis (bw)	үйде	[jujde]
cour (de)	аула	[awla]
omheining (de)	дуал	[dwal]
baksteen (de)	кірпіш	[kırpıʃ]
van bakstenen	кірпіш	[kırpıʃ]
steen (de)	тас	[tas]
stenen (bn)	тас	[tas]
beton (het)	бетон	[betɔn]
van beton	бетон	[betɔn]
nieuw (bn)	жаңа	[ʒaŋa]
oud (bn)	ескі	[eskı]
vervallen (bn)	тозған	[tɔzɣan]
modern (bn)	қазіргі	[qazırgı]
met veel verdiepingen	көп қабатты	[køp qabattı]
hoog (bn)	биік	[bı:k]
verdieping (de)	қабат	[qabat]
met een verdieping	бір қабатты	[bır qabattı]
laagste verdieping (de)	төменгі қабат	[tømeŋı qabat]
bovenverdieping (de)	жоғарғы қабат	[ʒɔɣarɣı qabat]
dak (het)	шатыр	[ʃatır]
schoorsteen (de)	мұржа	[murʒa]
dakpan (de)	жабынқыш	[ʒabınqıʃ]
pannen- (abn)	жабынқышты	[ʒabınqıʃtı]
zolder (de)	шатырдың асты	[ʃatırdıŋ astı]
venster (het)	терезе	[tereze]
glas (het)	әйнек	[æjnek]
vensterbank (de)	терезенің алды	[terezenıŋ aldı]
luiken (mv.)	терезе жапқыш	[tereze ʒapqıʃ]
muur (de)	қабырға	[qabırɣa]
balkon (het)	балкон	[balkɔn]
regenpijp (de)	су ағатын құбыр	[sw aɣatın qubır]
boven (bw)	жоғарыда	[ʒɔɣarıda]
naar boven gaan (ww)	көтерілу	[køterılu]
afdalen (on.ww.)	төмендеу	[tømendew]
verhuizen (ww)	көшу	[køʃw]

83. Huis. Ingang. Lift

ingang (de)	подъезд	[pod^hezd]
trap (de)	саты	[satı]
treden (mv.)	баспалдақ	[baspaldaq]
trapleuning (de)	сүйеніш	[syjenıʃ]
hal (de)	холл	[hɔll]
postbus (de)	почта жәшігі	[pɔtʃta ʒæʃıgı]
vuilnisbak (de)	қоқыс бағы	[qɔqıs baɡı]
vuilniskoker (de)	қоқыс салғыш	[qɔqıs salɣıʃ]
lift (de)	жеделсаты	[ʒedelsatı]
goederenlift (de)	жүк лифті	[ʒyk lıftı]
liftcabine (de)	кабина	[kabına]
de lift nemen	лифтпен жүру	[lıftpen ʒyrw]
appartement (het)	пәтер	[pæter]
bewoners (mv.)	тұрғындар	[turɣındar]
buren (mv.)	көршілер	[kørʃı ler]

84. Huis. Deuren. Sloten

deur (de)	есік	[esık]
toegangspoort (de)	қақпа	[qaqpa]
deurkruk (de)	тұтқа	[tʊtqa]
ontsluiten (ontgrendelen)	ашу	[aʃw]
openen (ww)	ашу	[aʃw]
sluiten (ww)	жабу	[ʒabw]
sleutel (de)	кілт	[kıʎt]
sleutelbos (de)	бір бау кілт	[bır baw kılt]
knarsen (bijv. scharnier)	сықырлау	[sıqırlaw]
knarsgeluid (het)	сытыр	[sıtır]
scharnier (het)	топса	[tɔpsa]
deurmat (de)	алаша	[alaʃa]
slot (het)	құлып	[qʊlıp]
sleutelgat (het)	құлыптың саңылауы	[qʊlıptıŋ saŋılawı]
grendel (de)	ысырма	[ısırma]
schuif (de)	ысырма	[ısırma]
hangslot (het)	құлып	[qʊlıp]
aanbellen (ww)	дыңылдату	[dıŋıldatw]
bel (geluid)	қоңырау	[qɔŋıraw]
deurbel (de)	қоңырау	[qɔŋıraw]
belknop (de)	түйме	[tyjme]
geklop (het)	тарсыл	[tarsıl]
kloppen (ww)	дүңкілдету	[dyŋkıldetw]
code (de)	код	[kɔd]
cijferslot (het)	кодты құлып	[kɔdtı qʊlıp]
parlofoon (de)	домофон	[dɔmɔfɔn]

nummer (het)	нөмір	[nømɪr]
naambordje (het)	тақтайша	[taqtajʃa]
deurspion (de)	көзек	[køzek]

85. Huis op het platteland

dorp (het)	ауыл	[awɪl]
moestuin (de)	бақша	[baqʃa]
hek (het)	дуал	[dwal]
houten hekwerk (het)	ағаш шарбақ	[aɣaʃ ʃarbaq]
tuinpoortje (het)	қақпа	[qaqpa]
graanschuur (de)	қамба	[qamba]
wortelkelder (de)	жерқойма	[ʒerqɔjma]
schuur (de)	қора	[qɔra]
waterput (de)	құдық	[qʊdɪq]
kachel (de)	пеш	[peʃ]
de kachel stoken	от жағу	[ɔt ʒaɣw]
brandhout (het)	отын	[ɔtɪn]
houtblok (het)	шөрке	[ʃørke]
veranda (de)	дәліз	[dæliz]
terras (het)	терраса	[terrasa]
bordes (het)	есік алды	[esɪk aldɪ]
schommel (de)	әткеншек	[ætkenʃæk]

86. Kasteel. Paleis

kasteel (het)	сарай	[saraj]
paleis (het)	сарай	[saraj]
vesting (de)	қамал	[qamal]
ringmuur (de)	қабырға	[qabɪrɣa]
toren (de)	мұнара	[mʊnara]
donjon (de)	бас мунара	[bas mwnara]
valhek (het)	көтермелі қақпа	[køtermelɪ qaqpa]
onderaardse gang (de)	жер асты өтпесі	[ʒer astɪ øtpesɪ]
slotgracht (de)	ор	[ɔr]
ketting (de)	шынжыр	[ʃɪnʒɪr]
schietgat (het)	атыс ойығы	[atɪs ɔjɪɣɪ]
prachtig (bn)	керемет	[keremet]
majestueus (bn)	айбынды	[ajbɪndɪ]
onneembaar (bn)	асқар	[asqar]
middeleeuws (bn)	орта ғасырлық	[ɔrta ɣasɪrlɪq]

87. Appartement

appartement (het)	пәтер	[pæter]
kamer (de)	бөлме	[bølme]

slaapkamer (de)	жатаржай	[ʒatarʒaj]
eetkamer (de)	асхана	[ashana]
salon (de)	қонақхана	[qɔnaqhana]
studeerkamer (de)	кабинет	[kabınet]

gang (de)	ауыз үй	[awız juj]
badkamer (de)	жуынатын бөлме	[ʒwınatın bølme]
toilet (het)	әжетхана	[æʒethana]

plafond (het)	төбе	[tøbe]
vloer (de)	еден	[eden]
hoek (de)	бөлmenің бұрышы	[bølmenıŋ bʊrıʃı]

88. Appartement. Schoonmaken

schoonmaken (ww)	үй ішін жинастыру	[juj ıʃın ʒınastırw]
opbergen (in de kast, enz.)	жинау	[ʒınaw]
stof (het)	шаң	[ʃaŋ]
stoffig (bn)	шаңданған	[ʃaŋdanɣan]
stoffen (ww)	шаңды сүрту	[ʃaŋdı syrtw]
stofzuiger (de)	шаңсорғыш	[ʃaŋsɔrɣıʃ]
stofzuigen (ww)	шаңсорғыштау	[ʃaŋsɔrɣıʃtaw]

vegen (de vloer ~)	сыпыру	[sıpırw]
veegsel (het)	қоқым-соқым	[qɔqım sɔqım]
orde (de)	рет	[ret]
wanorde (de)	ретсіздік	[retsızdık]

zwabber (de)	швабра	[ʃvabra]
poetsdoek (de)	шүберек	[ʃyberek]
veger (de)	сыпырғыш	[sıpırɣıʃ]
stofblik (het)	әкендоз	[ækendɔz]

89. Meubels. Interieur

meubels (mv.)	жиһаз	[ʒıhaz]
tafel (de)	үстел	[justel]
stoel (de)	орындық	[ɔrındıq]
bed (het)	төсек	[tøsek]
bankstel (het)	диван	[dıvan]
fauteuil (de)	кресло	[kreslɔ]

boekenkast (de)	шкаф	[ʃkaf]
boekenrek (het)	өре	[øre]
stellingkast (de)	этажерка	[ɛtaʒerka]

kledingkast (de)	шкаф	[ʃkaf]
kapstok (de)	ілгіш	[ıʎgıʃ]
staande kapstok (de)	ілгіш	[ıʎgıʃ]

| commode (de) | комод | [kɔmɔd] |
| salontafeltje (het) | шағын үстелше | [ʃaɣın justeʎʃæ] |

spiegel (de)	айна	[ɑjnɑ]
tapijt (het)	кілем	[kɪlem]
tapijtje (het)	кілемше	[kɪlemʃæ]

haard (de)	камин	[kɑmɪn]
kaars (de)	шырақ	[ʃɪrɑq]
kandelaar (de)	шамдал	[ʃɑmdɑl]

gordijnen (mv.)	перде	[perde]
behang (het)	тұсқағаз	[tysqɑɣɑz]
jaloezie (de)	жалюзи	[ʒɑlyzɪ]

bureaulamp (de)	үстел шамы	[justel ʃɑmɪ]
wandlamp (de)	шырақ	[ʃɪrɑq]
staande lamp (de)	сәнсәуле	[sænsæwle]
luchter (de)	люстра	[lystrɑ]

poot (ov. een tafel, enz.)	аяқ	[ɑjɑq]
armleuning (de)	шынтақша	[ʃɪntɑqʃɑ]
rugleuning (de)	арқалық	[ɑrqɑlɪq]
la (de)	жәшік	[ʒæʃɪk]

90. Beddengoed

beddengoed (het)	төсек-орын	[tøsek ɔrɪn]
kussen (het)	жастық	[ʒɑstɪq]
kussenovertrek (de)	жастық тысы	[ʒɑstɪq tɪsɪ]
deken (de)	көрпе	[kørpe]
laken (het)	ақжайма	[ɑqʒɑjmɑ]
sprei (de)	жамылғы	[ʒɑmɪlɣɪ]

91. Keuken

keuken (de)	асүй	[ɑsyj]
gas (het)	газ	[gɑz]
gasfornuis (het)	газ плитасы	[gɑz plɪtɑsɪ]
elektrisch fornuis (het)	электр плитасы	[ɛlektr plɪtɑsɪ]
oven (de)	духовка	[dwhɔvkɑ]
magnetronoven (de)	шағын толқынды пеш	[ʃɑɣɪn tɔlqɪndɪ peʃ]

koelkast (de)	тоңазытқыш	[tɔŋɑzɪtqɪʃ]
diepvriezer (de)	мұздатқыш	[mʊzdɑtqɪʃ]
vaatwasmachine (de)	ыдыс-аяқ жуу машинасы	[ɪdɪs ɑjɑq ʒww mɑʃɪnɑsɪ]

vleesmolen (de)	еттартқыш	[ettɑrtqɪʃ]
vruchtenpers (de)	шырынсыққыш	[ʃɪrɪnsɪqqɪʃ]
toaster (de)	тостер	[tɔster]
mixer (de)	миксер	[mɪkser]

koffiemachine (de)	кофеқайнатқы	[kɔfeqɑjnɑtqɪ]
koffiepot (de)	кофе шәйнек	[kɔfe ʃæjnek]
koffiemolen (de)	кофе ұнтақтағыш	[kɔfe ʊntɑqtɑɣɪʃ]

fluitketel (de)	шәйнек	[ʃæjnek]
theepot (de)	шәйнек	[ʃæjnek]
deksel (de/het)	жапқыш	[ʒapqɯʃ]
theezeefje (het)	сүзгі	[syzgɯ]

lepel (de)	қасық	[qasɯq]
theelepeltje (het)	шай қасық	[ʃaj qasɯq]
eetlepel (de)	ас қасық	[as qasɯq]
vork (de)	шанышқы	[ʃanɯʃqɯ]
mes (het)	пышақ	[pɯʃaq]

vaatwerk (het)	ыдыс	[ɯdɯs]
bord (het)	тәрелке	[tærelke]
schoteltje (het)	табақша	[tabaqʃa]

likeurglas (het)	рөмке	[rømke]
glas (het)	стақан	[staqan]
kopje (het)	шыныаяқ	[ʃɯnɯajaq]

suikerpot (de)	қантсалғыш	[qantsalɣɯʃ]
zoutvat (het)	тұз сауыт	[tʊz sawɯt]
pepervat (het)	бұрыш салғыш	[bʊrɯʃ salɣɯʃ]
boterschaaltje (het)	майсауыт	[majsawɯt]

steelpan (de)	кастрөл	[kastrøl]
bakpan (de)	таба	[taba]
pollepel (de)	ожау	[ɔʒaw]
vergiet (de/het)	сүзекі	[syzekɯ]
dienblad (het)	табақ	[tabaq]

fles (de)	бөтелке	[bøteʎke]
glazen pot (de)	банкі	[baŋkɯ]
blik (conserven~)	банкі	[baŋkɯ]

flesopener (de)	ашқыш	[aʃqɯʃ]
blikopener (de)	ашқыш	[aʃqɯʃ]
kurkentrekker (de)	бұранда	[bʊranda]
filter (de/het)	сүзгіш	[syzgɯʃ]
filteren (ww)	сүзу	[syzw]

| huisvuil (het) | қоқым-соқым | [qɔqɯm sɔqɯm] |
| vuilnisemmer (de) | қоқыс шелегі | [qɔqɯs ʃælegɯ] |

92. Badkamer

badkamer (de)	жуынатын бөлме	[ʒwɯnatɯn bølme]
water (het)	су	[sw]
kraan (de)	шүмек	[ʃymek]
warm water (het)	ыстық су	[ɯstɯq sw]
koud water (het)	суық су	[swɯq sw]

tandpasta (de)	тіс пастасы	[tɯs pastasɯ]
tanden poetsen (ww)	тіс тазалау	[tɯs tazalaw]
zich scheren (ww)	қырыну	[qɯrɯnw]

| scheercrème (de) | қырынуға арналған көбік | [qırınwɣa arnalɣan købık] |
| scheermes (het) | ұстара | [ʊstara] |

wassen (ww)	жуу	[ʒww]
een bad nemen	жуыну	[ʒwɪnw]
douche (de)	душ	[dwʃ]
een douche nemen	душқа түсу	[dwʃqa tysw]

bad (het)	ванна	[vaŋa]
toiletpot (de)	унитаз	[wnɪtaz]
wastafel (de)	раковина	[rakɔwɪna]

| zeep (de) | сабын | [sabın] |
| zeepbakje (het) | сабын салғыш | [sabın salɣıʃ] |

spons (de)	губка	[gwbka]
shampoo (de)	сусабын	[swsabın]
handdoek (de)	орамал	[ɔramal]
badjas (de)	шапан	[ʃapan]

was (bijv. handwas)	кір жуу	[kır ʒww]
wasmachine (de)	кіржуғыш машина	[kırʒwɣıʃ maʃina]
de was doen	кір жуу	[kır ʒww]
waspoeder (de)	кір жуу ұнтағы	[kır ʒww ʊntaɣı]

93. Huishoudelijke apparaten

televisie (de)	теледидар	[teledıdar]
cassettespeler (de)	магнитофон	[magnıtɔfɔn]
videorecorder (de)	бейнемагнитофон	[bejnemagnıtɔfɔn]
radio (de)	қабылдағыш	[qabıldaɣıʃ]
speler (de)	плеер	[ple:r]

videoprojector (de)	бейне проекторы	[bejne prɔektɔrı]
home theater systeem (het)	үй кинотеатры	[juj kınɔteatrı]
DVD-speler (de)	DVD ойнатқыш	[dıwıdı ɔjnatqıʃ]
versterker (de)	күшейткіш	[kyʃæjtkıʃ]
spelconsole (de)	ойын қосымшасы	[ɔjın qɔsımʃası]

videocamera (de)	бейнекамера	[bejnekamera]
fotocamera (de)	фотоаппарат	[fotɔapparat]
digitale camera (de)	цифрлы фотоаппарат	[tsıfrlı fotɔapparat]

stofzuiger (de)	шаңсорғыш	[ʃaŋsɔrɣıʃ]
strijkijzer (het)	үтік	[jutık]
strijkplank (de)	үтіктеу тақтасы	[jutıktew taqtası]

telefoon (de)	телефон	[telefɔn]
mobieltje (het)	ұялы телефон	[ujalı telefɔn]
schrijfmachine (de)	жазу машинкасы	[ʒazw maʃınka]
naaimachine (de)	тігін машинкасы	[tıgın maʃıŋkası]

| microfoon (de) | микрофон | [mıkrɔfɔn] |
| koptelefoon (de) | құлаққап | [qʊlaqqap] |

afstandsbediening (de)	пульт	[pwʌt]
CD (de)	CD, компакт-дискі	[sı dı], [kɔmpakt dıskı]
cassette (de)	кассета	[kasseta]
vinylplaat (de)	пластинка	[plastıŋka]

94. Reparaties. Renovatie

renovatie (de)	жөндеу	[ʒøndew]
renoveren (ww)	жөндеу	[ʒøndew]
repareren (ww)	жөндеу	[ʒøndew]
op orde brengen	тәртіпке келтіру	[tærtıpke keltırw]
overdoen (ww)	қайта істеу	[qajta ıstew]

verf (de)	бояу	[bɔjaw]
verven (muur ~)	бояу	[bɔjaw]
schilder (de)	майлаушы	[majlawʃı]
kwast (de)	бояу жаққыш	[bɔjaw ʒaqqıʃ]

| kalk (de) | ағарту | [aɣartw] |
| kalken (ww) | ағарту | [aɣartw] |

behang (het)	тұсқағаз	[tʊsqaɣaz]
behangen (ww)	тұсқағазбен желімдеу	[tʊsqaɣazben ʒelımdew]
lak (de/het)	лак	[lak]
lakken (ww)	лакпен қаптау	[lakpen qaptaw]

95. Loodgieterswerk

water (het)	су	[sw]
warm water (het)	ыстық су	[ıstıq sw]
koud water (het)	суық су	[swıq sw]
kraan (de)	шүмек	[ʃymek]

druppel (de)	тамшы	[tamʃı]
druppelen (ww)	тамшылау	[tamʃılaw]
lekken (een lek hebben)	ағу	[aɣw]
lekkage (de)	ағу	[aɣw]
plasje (het)	шалшық	[ʃalʃıq]

buis, leiding (de)	құбыр	[qʊbır]
stopkraan (de)	вентиль	[wentıʎ]
verstopt raken (ww)	бітеліп қалу	[bıtelıp qalw]

gereedschap (het)	құралдар	[qʊraldar]
Engelse sleutel (de)	ажырамалы кілт	[aʒıramalı kılt]
losschroeven (ww)	бұрап ашу	[bʊrap aʃw]
aanschroeven (ww)	бұрап бекіту	[bʊrap bekıtw]

ontstoppen (riool, enz.)	тазарту	[tazartw]
loodgieter (de)	сантехник	[santehnık]
kelder (de)	төле	[tøle]
riolering (de)	кәріз	[kærız]

96. Brand. Vuurzee

vuur (het)	алау	[alaw]
vlam (de)	жалын	[ʒalın]
vonk (de)	ұшқын	[ʊʃqın]
rook (de)	түтін	[tytın]
fakkel (de)	шырағдан	[ʃıraɣdan]
kampvuur (het)	от	[ɔt]
benzine (de)	бензин	[benzın]
kerosine (de)	керосин	[kerɔsın]
brandbaar (bn)	жанғыш	[ʒanɣıʃ]
ontplofbaar (bn)	жарылғыш	[ʒarılɣıʃ]
VERBODEN TE ROKEN!	ТЕМЕКІ ШЕКПЕУ!	[temekı ʃækpew]
veiligheid (de)	қауіпсіздік	[qawıpsızdık]
gevaar (het)	қауіп-қатер	[qawıp qater]
gevaarlijk (bn)	қауіпті	[qawıptı]
in brand vliegen (ww)	жана бастау	[ʒana bastaw]
explosie (de)	жарылыс	[ʒarılıs]
in brand steken (ww)	өртеп жіберу	[ørtep ʒıberw]
brandstichter (de)	өртегіш	[ørtegıʃ]
brandstichting (de)	өртеу	[ørtew]
vlammen (ww)	алаулау	[alawlaw]
branden (ww)	жану	[ʒanw]
afbranden (ww)	өртеніп кету	[ørtenıp ketw]
de brandweer bellen	өрт сөндірушілерді шақыру	[ørt søndırwʃılerdı ʃaqırw]
brandweerman (de)	өрт сөндіруші	[ørt søndırwʃı]
brandweerwagen (de)	өрт сөндіргіш машина	[ørt søndırgıʃ maʃına]
brandweer (de)	өрт жасағы	[ørt ʒasaɣı]
uitschuifbare ladder (de)	өрт сөндірушілер сатысы	[ørt søndırwʃıler satısı]
brandslang (de)	шланг	[ʃlaŋ]
brandblusser (de)	өрт сөндіргіш	[ørt søndırgıʃ]
helm (de)	дулыға	[dwlıɣa]
sirene (de)	сирена	[sırena]
roepen (ww)	айғайлау	[ajɣajlaw]
hulp roepen	жәрдемге шақыру	[ʒærdemge ʃaqırw]
redder (de)	құтқарушы	[qutqarwʃı]
redden (ww)	құтқару	[qutqarw]
aankomen (per auto, enz.)	келу	[kelw]
blussen (ww)	сөндіру	[søndırw]
water (het)	су	[sw]
zand (het)	құм	[qum]
ruïnes (mv.)	қираған үйінді	[qıraɣan jujındı]
instorten (gebouw, enz.)	опырылып құлау	[ɔpırılıp qulaw]
ineenstorten (ww)	опырылып құлау	[ɔpırılıp qulaw]
inzakken (ww)	опырылу	[ɔpırılw]

brokstuk (het)	сынық	[sınıq]
as (de)	күл	[kyl]
verstikken (ww)	тұншығып өлу	[tʊnʃɪɣɪp ølw]
omkomen (ww)	мерт болу	[mert bɔlw]

MENSELIJKE ACTIVITEITEN

Baan. Business. Deel 1

97. Bankieren

bank (de)	банк	[baŋk]
bankfiliaal (het)	бөлімше	[bølımʃæ]
bankbediende (de)	кеңесші	[keŋesʃı]
manager (de)	басқарушы	[basqarwʃı]
bankrekening (de)	шот	[ʃɔt]
rekeningnummer (het)	шот нөмірі	[ʃɔt nømırı]
lopende rekening (de)	ағымдағы есепшот	[aɣımdaɣı esepʃɔt]
spaarrekening (de)	жинақтаушы шот	[ʒınaqtawʃı ʃɔt]
een rekening openen	шот ашу	[ʃɔt aʃw]
de rekening sluiten	шот жабу	[ʃɔt ʒabw]
op rekening storten	шотқа салу	[ʃɔtqa salw]
opnemen (ww)	шоттан алу	[ʃɔttan alw]
storting (de)	салым	[salım]
een storting maken	салым жасау	[salım ʒasaw]
overschrijving (de)	аударылым	[awdarılım]
een overschrijving maken	аударылым жасау	[awdarılım ʒasaw]
som (de)	сома	[sɔma]
Hoeveel?	Қанша?	[qanʃa]
handtekening (de)	қол таңба	[qɔl taŋba]
ondertekenen (ww)	қол қою	[qɔl qɔjw]
kredietkaart (de)	кредиттік карта	[kredıttık karta]
code (de)	код	[kɔd]
kredietkaartnummer (het)	кредиттік картаның нөмірі	[kredıttık kartanıŋ nømırı]
geldautomaat (de)	банкомат	[baŋkɔmat]
cheque (de)	чек	[ʧek]
een cheque uitschrijven	чек жазу	[ʧek ʒazw]
chequeboekje (het)	чек кітапшасы	[ʧek kıtapʃası]
lening, krediet (de)	несие	[nesıe]
een lening aanvragen	несие жайында өтінішпен бару	[nesıe ʒajında øtınıʃpen barw]
een lening nemen	несие алу	[nesıe alw]
een lening verlenen	несие беру	[nesıe berw]
garantie (de)	кепілдеме	[kepıldeme]

98. Telefoon. Telefoongesprek

telefoon (de)	телефон	[telefɔn]
mobieltje (het)	ұялы телефон	[ujalı telefɔn]
antwoordapparaat (het)	автожауапшы	[avtɔʒawapʃı]
bellen (ww)	қоңырау шалу	[qɔŋıraw ʃalw]
belletje (telefoontje)	қоңырау	[qɔŋıraw]
een nummer draaien	нөмірді теру	[nømırdı terw]
Hallo!	Алло!	[allɔ]
vragen (ww)	сұрау	[suraw]
antwoorden (ww)	жауап беру	[ʒawap berw]
horen (ww)	есту	[estw]
goed (bw)	жақсы	[ʒaqsı]
slecht (bw)	жаман	[ʒaman]
storingen (mv.)	бөгеттер	[bøgetter]
hoorn (de)	трубка	[trwbka]
opnemen (ww)	трубканы алу	[trwbkanı alw]
ophangen (ww)	трубканы салу	[trwbkanı salw]
bezet (bn)	бос емес	[bɔs emes]
overgaan (ww)	шылдырлау	[ʃıldırlaw]
telefoonboek (het)	телефон кітабы	[telefɔn kıtabı]
lokaal (bn)	жергілікті	[ʒergılıktı]
interlokaal (bn)	қалааралық	[qala:ralıq]
buitenlands (bn)	халықаралық	[halıqaralıq]

99. Mobiele telefoon

mobieltje (het)	ұялы телефон	[ujalı telefɔn]
scherm (het)	дисплей	[dısplej]
toets, knop (de)	түйме	[tyjme]
simkaart (de)	SIM-карта	[sım karta]
batterij (de)	батарея	[batareja]
leeg zijn (ww)	тогынан айырылу	[tɔgınan ajırılw]
acculader (de)	зарядттау құрылғысы	[zarʲadttaw qurılɣısı]
menu (het)	меню	[meny]
instellingen (mv.)	қалпына келтіру	[qalpına keʎtırw]
melodie (beltoon)	әуен	[æwen]
selecteren (ww)	таңдау	[taŋdaw]
rekenmachine (de)	калькулятор	[kaʎkwʎatɔr]
voicemail (de)	автожауапшы	[avtɔʒawapʃı]
wekker (de)	оятар	[ɔjatar]
contacten (mv.)	телефон кітабы	[telefɔn kıtabı]
SMS-bericht (het)	SMS-хабарлама	[ɛsɛmɛs habarlama]
abonnee (de)	абонент	[abɔnent]

100. Schrijfbehoeften

balpen (de)	автоқалам	[avtɔqalam]
vulpen (de)	қаламұш	[qalamʊʃ]
potlood (het)	қарындаш	[qarɪndaʃ]
marker (de)	маркер	[marker]
viltstift (de)	фломастер	[flɔmaster]
notitieboekje (het)	блокнот	[blɔknɔt]
agenda (boekje)	күнделік	[kyndelɪk]
liniaal (de/het)	сызғыш	[sɪzɣɪʃ]
rekenmachine (de)	калькулятор	[kaʎkwʎatɔr]
gom (de)	өшіргіш	[øʃɪrgɪʃ]
punaise (de)	жапсырма шеге	[ʒapsɪrma ʃæge]
paperclip (de)	қыстырғыш	[qɪstɪrɣɪʃ]
lijm (de)	желім	[ʒɛlɪm]
nietmachine (de)	степлер	[stepler]
perforator (de)	тескіш	[teskɪʃ]
potloodslijper (de)	қайрағыш	[qajraɣɪʃ]

Baan. Business. Deel 2

101. Massamedia

krant (de)	газет	[gazet]
tijdschrift (het)	жорнал	[ʒɔrnal]
pers (gedrukte media)	баспасөз	[baspasøz]
radio (de)	радио	[radɪɔ]
radiostation (het)	радиостанция	[radɪɔstantsɪja]
televisie (de)	теледидар	[teledɪdar]
presentator (de)	жетекші	[ʒetekʃɪ]
nieuwslezer (de)	диктор	[dɪktɔr]
commentator (de)	комментатор	[kɔmmentatɔr]
journalist (de)	журналшы	[ʒwrnalʃɪ]
correspondent (de)	тілші	[tɪʎʃɪ]
fotocorrespondent (de)	фототілші	[fɔtɔtɪlʃɪ]
reporter (de)	репортёр	[repɔrtør]
redacteur (de)	редактор	[redaktɔr]
chef-redacteur (de)	бас редактор	[bas redaktɔr]
zich abonneren op	жазылу	[ʒazɪlw]
abonnement (het)	жазылыс	[ʒazɪlɪs]
abonnee (de)	жазылушы	[ʒazɪlwʃɪ]
lezen (ww)	оқу	[ɔqw]
lezer (de)	оқырман	[ɔqɪrman]
oplage (de)	таралым	[taralɪm]
maand-, maandelijks (bn)	айлық	[ajlɪq]
wekelijks (bn)	апталық	[aptalɪq]
nummer (het)	нөмір	[nømɪr]
vers (~ van de pers)	жаңа	[ʒaŋa]
kop (de)	тақырып	[taqɪrɪp]
korte artikel (het)	мақала	[maqala]
rubriek (de)	тарау	[taraw]
artikel (het)	мақала	[maqala]
pagina (de)	бет	[bet]
reportage (de)	репортаж	[repɔrtaʒ]
gebeurtenis (de)	оқиға	[ɔqɪɣa]
sensatie (de)	сенсация	[sensatsɪja]
schandaal (het)	жанжал	[ʒanʒal]
schandalig (bn)	жанжалды	[ʒanʒaldɪ]
groot (~ schandaal, enz.)	әйгілі	[æjgɪlɪ]
programma (het)	хабар	[habar]
interview (het)	сұхбат	[sʊhbat]

| live uitzending (de) | тікелей эфир | [tıkelej ɛfır] |
| kanaal (het) | канал | [kanal] |

102. Landbouw

landbouw (de)	ауыл шаруашылығы	[awıl ʃarwaʃılıɣı]
boer (de)	қара шаруа	[qara ʃarwa]
boerin (de)	қара шаруа	[qara ʃarwa]
landbouwer (de)	ферма иесі	[ferma ıesı]

| tractor (de) | трактор | [traktɔr] |
| maaidorser (de) | комбайн | [kɔmbajn] |

ploeg (de)	соқа	[sɔqa]
ploegen (ww)	жер жырту	[ʒer ʒırtw]
akkerland (het)	жыртылған жер	[ʒırtılɣan ʒer]
voor (de)	атыз	[atız]

zaaien (ww)	егу	[egw]
zaaimachine (de)	дәнсепкіш	[dænsepkıʃ]
zaaien (het)	егіс	[egıs]

| zeis (de) | шалғы | [ʃalɣı] |
| maaien (ww) | шабу | [ʃabw] |

| schop (de) | күрек | [kyrek] |
| spitten (ww) | қазу | [qazw] |

schoffel (de)	шапқы	[ʃapqı]
wieden (ww)	отау	[ɔtaw]
onkruid (het)	арам шөп	[aram ʃøp]

gieter (de)	сусепкіш	[swsepkıʃ]
begieten (water geven)	суару	[swarw]
bewatering (de)	суару	[swarw]

| riek, hooivork (de) | сәнек | [sænek] |
| hark (de) | тырнауыш | [tırnawıʃ] |

meststof (de)	тыңайтқыш	[tıŋajtqıʃ]
bemesten (ww)	тыңайту	[tıŋajtw]
mest (de)	көң	[køŋ]

veld (het)	егіс даласы	[egıs dalası]
wei (de)	шалғын	[ʃalɣın]
moestuin (de)	бақша	[baqʃa]
boomgaard (de)	бақ	[baq]

weiden (ww)	бағу	[baɣw]
herder (de)	бақташы	[baqtaʃı]
weiland (de)	жайылым	[ʒajılım]

| veehouderij (de) | мал шаруашылығы | [mal ʃarwaʃılıɣı] |
| schapenteelt (de) | қой өсірушілік | [qɔj øsırwʃılık] |

plantage (de)	плантация	[plantatsıja]
rijtje (het)	жүйек	[ʒyjek]
broeikas (de)	көшетхана	[køʃæthana]

| droogte (de) | құрғақшылық | [qurɣaqʃılıq] |
| droog (bn) | қуаң | [qwaŋ] |

| graangewassen (mv.) | дәнді | [dændı] |
| oogsten (ww) | жинау | [ʒınaw] |

molenaar (de)	диірменші	[dı:menʃı]
molen (de)	диірмен	[dı:rmen]
malen (graan ~)	жармалау	[ʒarmalaw]
bloem (bijv. tarwebloem)	ұн	[ʊn]
stro (het)	сабан	[saban]

103. Gebouw. Bouwproces

bouwplaats (de)	құрылыс	[qʊrılıs]
bouwen (ww)	құрылыс салу	[qʊrılıs salw]
bouwvakker (de)	құрылысшы	[qʊrılısʃı]

project (het)	жоба	[ʒɔba]
architect (de)	сәулетші	[sæwletʃı]
arbeider (de)	жұмысшы	[ʒʊmısʃı]

fundering (de)	іргетас	[ırgetas]
dak (het)	шатыр	[ʃatır]
heipaal (de)	бағана	[baɣana]
muur (de)	қабырға	[qabırɣa]

| betonstaal (het) | арматура | [armatwra] |
| steigers (mv.) | құрылыс материалдары | [qʊrılıs materıaldarı] |

beton (het)	бетон	[betɔn]
graniet (het)	гранит	[granıt]
steen (de)	тас	[tas]
baksteen (de)	кірпіш	[kırpıʃ]

zand (het)	құм	[qʊm]
cement (de/het)	цемент	[tsement]
pleister (het)	сылақ	[sılaq]
pleisteren (ww)	сылақтау	[sılaqtaw]
verf (de)	бояу	[bɔjaw]
verven (muur ~)	бояу	[bɔjaw]
ton (de)	күбі	[kybı]

kraan (de)	кран	[kran]
heffen, hijsen (ww)	көтеру	[køterw]
neerlaten (ww)	түсіру	[tysırw]

bulldozer (de)	сүргіш	[syrgıʃ]
graafmachine (de)	экскаватор	[ɛkskavatɔr]
graafbak (de)	ожау	[ɔʒaw]

graven (tunnel, enz.)	**қазу**	[qɑzw]
helm (de)	**дулыға**	[dwlɪɣɑ]

Beroepen en ambachten

104. Zoeken naar werk. Ontslag

baan (de)	жұмыс	[ʒumɪs]
personeel (het)	штат	[ʃtat]
carrière (de)	мансап	[mansap]
vooruitzichten (mv.)	болашақ	[bolaʃaq]
meesterschap (het)	ұсталық	[ustalıq]
keuze (de)	іріктеу	[ırıktew]
uitzendbureau (het)	кадрлық агенттік	[kadrlıq agenttık]
CV, curriculum vitae (het)	резюме	[rezyme]
sollicitatiegesprek (het)	әңгімелесу	[æŋgımelesw]
vacature (de)	бос қызмет	[bos qızmet]
salaris (het)	жалақы	[ʒalaqı]
vaste salaris (het)	айлық	[ajlıq]
loon (het)	ақы төлеу	[aqı tølew]
betrekking (de)	қызмет	[qızmet]
taak, plicht (de)	міндет	[mındet]
takenpakket (het)	міндеттер аясы	[mındetter ajası]
bezig (~ zijn)	бос емес	[bos emes]
ontslagen (ww)	жұмыстан шығару	[ʒumıstan ʃıɣarw]
ontslag (het)	жұмыстан шығару	[ʒumıstan ʃıɣarw]
werkloosheid (de)	жұмыссыздық	[ʒumıssızdıq]
werkloze (de)	жұмыссыз	[ʒumıssız]
pensioen (het)	зейнетақы	[zejnetaqı]
met pensioen gaan	пенсияға шығу	[pensıjaɣa ʃıɣw]

105. Zakenmensen

directeur (de)	директор	[dırektor]
beheerder (de)	басқарушы	[basqarwʃı]
hoofd (het)	басқарушы	[basqarwʃı]
baas (de)	бастық	[bastıq]
superieuren (mv.)	басшылық	[basʃılıq]
president (de)	президент	[prezıdent]
voorzitter (de)	төраға	[tøraɣa]
adjunct (de)	орынбасар	[orınbasar]
assistent (de)	көмекші	[kømekʃı]
secretaris (de)	хатшы	[hatʃı]

persoonlijke assistent (de)	жеке хатшы	[ʒeke hatʃɪ]
zakenman (de)	бизнесмен	[bɪznesmen]
ondernemer (de)	кәсіпкер	[kæsɪpker]
oprichter (de)	негізін салушы	[negɪzɪn salwʃɪ]
oprichten	орнату	[ɔrnatw]
(een nieuw bedrijf ~)		

stichter (de)	құрылтайшы	[qʊrɪltajʃɪ]
partner (de)	серіктес	[serɪktes]
aandeelhouder (de)	акционер	[aktsɪɔner]

miljonair (de)	миллионер	[mɪllɪɔner]
miljardair (de)	миллиардер	[mɪllɪarder]
eigenaar (de)	ие	[ɪe]
landeigenaar (de)	жер иесі	[ʒer ɪesɪ]

klant (de)	клиент	[klɪent]
vaste klant (de)	тұрақты клиент	[tʊraktɪ klɪent]
koper (de)	сатып алушы	[satɪp alwʃɪ]
bezoeker (de)	келуші	[kelwʃɪ]

professioneel (de)	кәсіпші	[kæsɪpʃɪ]
expert (de)	сарапшы	[sarapʃɪ]
specialist (de)	маман	[maman]

| bankier (de) | банкир | [baŋkɪr] |
| makelaar (de) | брокер | [brɔker] |

kassier (de)	кассир	[kassɪr]
boekhouder (de)	есепші	[esepʃɪ]
bewaker (de)	күзетші	[kyzetʃɪ]

investeerder (de)	инвестор	[ɪnwestɔr]
schuldenaar (de)	қарыздар	[qarɪzdar]
crediteur (de)	несиегер	[nesɪeger]
lener (de)	қарыз алушы	[qarɪz alwʃɪ]

| importeur (de) | импортшы | [ɪmpɔrtʃɪ] |
| exporteur (de) | экспортшы | [ekspɔrtʃɪ] |

producent (de)	өндіруші	[øndɪrwʃɪ]
distributeur (de)	дистрибьютор	[dɪstrɪbjytɔr]
bemiddelaar (de)	дәнекер	[dæneker]

adviseur, consulent (de)	кеңесші	[keŋesʃɪ]
vertegenwoordiger (de)	өкіл	[økɪl]
agent (de)	агент	[agent]
verzekeringsagent (de)	сақтандыру агенті	[saqtandɪrw agentɪ]

106. Dienstverlenende beroepen

kok (de)	аспазшы	[aspazʃɪ]
chef-kok (de)	бас аспазшы	[bas aspazʃɪ]
bakker (de)	нан пісіруші	[nan pɪsɪrwʃɪ]

barman (de)	бармен	[barmen]
kelner, ober (de)	даяшы	[dajaʃı]
serveerster (de)	даяшы	[dajaʃı]

advocaat (de)	адвокат	[advɔkat]
jurist (de)	заңгер	[zaŋger]
notaris (de)	нотариус	[nɔtarıws]

elektricien (de)	монтер	[mɔnter]
loodgieter (de)	сантехник	[santehnık]
timmerman (de)	балташы	[baltaʃı]

masseur (de)	массаж жасаушы	[massaʒ ʒasawʃı]
masseuse (de)	массаж жасаушы	[massaʒ ʒasawʃı]
dokter, arts (de)	дәрігер	[dærıger]

taxichauffeur (de)	таксист	[taksıst]
chauffeur (de)	айдарман	[ajdarman]
koerier (de)	курьер	[kwrjer]

kamermeisje (het)	қызметші әйел	[qızmetʃı æjel]
bewaker (de)	күзетші	[kyzetʃı]
stewardess (de)	аспансерік	[aspanserık]

meester (de)	мұғалім	[muɣalım]
bibliothecaris (de)	кітапханашы	[kıtaphanaʃı]
vertaler (de)	тілмаш	[tılmaʃ]
tolk (de)	тілмаш	[tılmaʃ]
gids (de)	гид	[gıd]

kapper (de)	шаштаразшы	[ʃaʃtarazʃı]
postbode (de)	пошташы	[pɔʃtaʃı]
verkoper (de)	сатушы	[satwʃı]

tuinman (de)	бақшы	[baqʃı]
huisbediende (de)	даяшы	[dajaʃı]
dienstmeisje (het)	даяшы	[dajaʃı]
schoonmaakster (de)	сыпырушы	[sıpırwʃı]

107. Militaire beroepen en rangen

soldaat (rang)	қатардағы	[qatardaɣı]
sergeant (de)	сержант	[serʒant]
luitenant (de)	лейтенант	[lejtenant]
kapitein (de)	капитан	[kapıtan]

majoor (de)	майор	[major]
kolonel (de)	полковник	[pɔlkɔvnık]
generaal (de)	генерал	[general]
maarschalk (de)	маршал	[marʃal]
admiraal (de)	адмирал	[admıral]

| militair (de) | әскери адам | [æskerı adam] |
| soldaat (de) | жауынгер | [ʒawıŋger] |

officier (de)	офицер	[ɔfɪtser]
commandant (de)	командир	[kɔmɑndɪr]

grenswachter (de)	шекарашы	[ʃækɑraʃɪ]
marconist (de)	радист	[rɑdɪst]
verkenner (de)	барлаушы	[barlawʃɪ]
sappeur (de)	сапер	[sɑper]
schutter (de)	атқыш	[atqɪʃ]
stuurman (de)	штурман	[ʃtwrmɑn]

108. Ambtenaren. Priesters

koning (de)	король	[kɔrɔʎ]
koningin (de)	королева	[kɔrɔleva]

prins (de)	ханзада	[hɑnzɑdɑ]
prinses (de)	ханша	[hɑnʃɑ]

tsaar (de)	патша	[pɑtʃɑ]
tsarina (de)	патшайым	[pɑtʃɑjɪm]

president (de)	президент	[prezɪdent]
minister (de)	министр	[mɪnɪstr]
eerste minister (de)	премьер-министр	[premjer mɪnɪstr]
senator (de)	сенатор	[senatɔr]

diplomaat (de)	дипломат	[dɪplɔmɑt]
consul (de)	консул	[kɔnswl]
ambassadeur (de)	елші	[elʃɪ]
adviseur (de)	кеңесші	[keŋesʃɪ]

ambtenaar (de)	төре	[tøre]
prefect (de)	префект	[prefekt]
burgemeester (de)	мэр	[mɛr]

rechter (de)	төреші	[tøreʃɪ]
aanklager (de)	прокурор	[prɔkwrɔr]

missionaris (de)	миссионер	[mɪssɪɔner]
monnik (de)	монах	[mɔnɑh]
abt (de)	уағыздаушы	[waɣɪzdawʃɪ]
rabbi, rabbijn (de)	раввин	[rɑvwɪn]

vizier (de)	уәзір	[wæzɪr]
sjah (de)	шах	[ʃah]
sjeik (de)	шайқы	[ʃɑjqɪ]

109. Agrarische beroepen

imker (de)	ара өсіруші	[ara øsɪrwʃɪ]
herder (de)	бақташы	[bɑqtaʃɪ]
landbouwkundige (de)	агроном	[agrɔnɔm]

| veehouder (de) | мал өсіруші | [mal øsırwʃı] |
| dierenarts (de) | ветеринар | [weterınar] |

landbouwer (de)	ферма иесі	[ferma ıesı]
wijnmaker (de)	шарапшы	[ʃarapʃı]
zoöloog (de)	зоолог	[zɔ:lɔg]
cowboy (de)	ковбой	[kɔvbɔj]

110. Kunst beroepen

| acteur (de) | актёр | [aktør] |
| actrice (de) | актриса | [aktrısa] |

| zanger (de) | әнші | [ænʃı] |
| zangeres (de) | әнші | [ænʃı] |

| danser (de) | биші | [bıʃı] |
| danseres (de) | биші | [bıʃı] |

| artiest (mann.) | әртіс | [ærtıs] |
| artiest (vrouw.) | әртіс | [ærtıs] |

muzikant (de)	сырнайшы	[sırnajʃı]
pianist (de)	пианист	[pıanıst]
gitarist (de)	гитаршы	[gıtarʃı]

orkestdirigent (de)	дирижёр	[dırıʒɔr]
componist (de)	сазгер	[sazger]
impresario (de)	импресарио	[ımpresarıɔ]

filmregisseur (de)	режиссёр	[reʒıssør]
filmproducent (de)	продюсер	[prɔdyser]
scenarioschrijver (de)	сценарист	[stsænarıst]
criticus (de)	сынағыш	[sınaɣıʃ]

schrijver (de)	жазушы	[ʒazwʃı]
dichter (de)	ақын	[aqın]
beeldhouwer (de)	мүсінші	[mysınʃı]
kunstenaar (de)	суретші	[swretʃı]

jongleur (de)	жонглёр	[ʒɔŋlør]
clown (de)	клоун	[klɔwn]
acrobaat (de)	акробат	[akrɔbat]
goochelaar (de)	сиқыршы	[sıqırʃı]

111. Verschillende beroepen

dokter, arts (de)	дәрігер	[dærıger]
ziekenzuster (de)	медбике	[medbıke]
psychiater (de)	психиатр	[psıhıatr]
tandarts (de)	стоматолог	[stɔmatɔlɔg]
chirurg (de)	хирург	[hırwrg]

astronaut (de)	астронавт	[astronaft]
astronoom (de)	астроном	[astronom]
chauffeur (de)	жүргізуші	[ʒyrgızwʃı]
machinist (de)	машинист	[maʃınıst]
mecanicien (de)	механик	[mehanık]
mijnwerker (de)	көмірші	[kømırʃı]
arbeider (de)	жұмысшы	[ʒumısʃı]
bankwerker (de)	слесарь	[slesarʲ]
houtbewerker (de)	ағаш шебері	[aɣaʃ ʃæberı]
draaier (de)	қырнаушы	[qırnawʃı]
bouwvakker (de)	құрылысшы	[qurılısʃı]
lasser (de)	дәнекерлеуші	[dænekerlewʃı]
professor (de)	профессор	[professor]
architect (de)	сәулетші	[sæwletʃı]
historicus (de)	тарихшы	[tarıhʃı]
wetenschapper (de)	ғалым	[ɣalım]
fysicus (de)	физик	[fızık]
scheikundige (de)	химик	[hımık]
archeoloog (de)	археолог	[arheolog]
geoloog (de)	геолог	[geolog]
onderzoeker (de)	зерттеуші	[zerttewʃı]
babysitter (de)	бала бағушы	[bala baɣwʃı]
leraar, pedagoog (de)	мұғалім	[muɣalım]
redacteur (de)	редактор	[redaktor]
chef-redacteur (de)	бас редактор	[bas redaktor]
correspondent (de)	тілші	[tıʎʃı]
typiste (de)	машинист	[maʃınıst]
designer (de)	дизайнер	[dızajner]
computerexpert (de)	компьютерші	[kompjyterʃı]
programmeur (de)	бағдарламаушы	[baɣdarlamawʃı]
ingenieur (de)	инженер	[ınʒener]
matroos (de)	кемеші	[kemeʃı]
zeeman (de)	кемеші	[kemeʃı]
redder (de)	құтқарушы	[qutqarwʃı]
brandweerman (de)	өрт сөндіруші	[ørt søndırwʃı]
politieagent (de)	полицей	[polıtsej]
nachtwaker (de)	күзетші	[kyzetʃı]
detective (de)	ізші	[ızʃı]
douanier (de)	кеденші	[kedenʃı]
lijfwacht (de)	сақшы	[saqʃı]
gevangenisbewaker (de)	қадағалаушы	[qadaɣalawʃı]
inspecteur (de)	инспектор	[ınspektor]
sportman (de)	спортшы	[sportʃı]
trainer (de)	жаттықтырушы	[ʒattıqtırwʃı]
slager, beenhouwer (de)	етші	[etʃı]

schoenlapper (de)	аяқ киім жамаушы	[ɑjɑq kɪːm ʒɑmɑwʃɪ]
handelaar (de)	саудагер	[sæwdɑger]
lader (de)	жүк тиеуші	[ʒyk tɪewʃɪ]
kledingstilist (de)	модель	[mɔdeʎ]
model (het)	үлгіші	[julgɪʃɪ]

112. Beroepen. Sociale status

scholier (de)	оқушы	[ɔqwʃɪ]
student (de)	студент	[stwdent]
filosoof (de)	философ	[fɪlɔsɔf]
econoom (de)	экономист	[ɛkɔnɔmɪst]
uitvinder (de)	өнертапқыш	[ønertɑpqɪʃ]
werkloze (de)	жұмыссыз	[ʒumɪssɪz]
gepensioneerde (de)	зейнеткер	[zejnetker]
spion (de)	тыңшы	[tɪŋʃɪ]
gedetineerde (de)	қамалған	[qɑmɑlɣɑn]
staker (de)	ереуілші	[erewɪʎʃɪ]
bureaucraat (de)	кеңсешіл	[keŋseʃɪl]
reiziger (de)	саяхатшы	[sɑjɑhɑtʃɪ]
homoseksueel (de)	гомосексуалист	[gɔmɔsekswɑlɪst]
hacker (computerkraker)	хакер	[hɑker]
hippie (de)	хиппи	[hɪppɪ]
bandiet (de)	қарақшы	[qɑrɑqʃɪ]
huurmoordenaar (de)	жалдамалы өлтіруші	[ʒɑldɑmɑlɪ øʎtɪrwʃɪ]
drugsverslaafde (de)	нашақор	[nɑʃɑqɔr]
drugshandelaar (de)	есірткі сатушы	[esɪrtkɪ sɑtwʃɪ]
prostituee (de)	жезөкше	[ʒezøkʃæ]
pooier (de)	сутенёр	[swtenør]
tovenaar (de)	дуагер	[dwɑger]
tovenares (de)	көз байлаушы	[køz bɑjlɑwʃɪ]
piraat (de)	теңіз қарақшысы	[teŋɪz qɑrɑqʃɪsɪ]
slaaf (de)	құл	[qul]
samoerai (de)	самурай	[sɑmwrɑj]
wilde (de)	жабайы адам	[ʒɑbɑjɪ ɑdɑm]

Sport

113. Soorten sporten. Sporters

sportman (de)	спортшы	[sportʃɪ]
soort sport (de/het)	спорт түрі	[sport tyrɪ]
basketbal (het)	баскетбол	[basketbɔl]
basketbalspeler (de)	баскетболшы	[basketbɔlʃɪ]
baseball (het)	бейсбол	[bejsbɔl]
baseballspeler (de)	бейсболшы	[bejsbɔlʃɪ]
voetbal (het)	футбол	[fwtbɔl]
voetballer (de)	футболшы	[fwtbɔlʃɪ]
doelman (de)	қақпашы	[qɑqpɑʃɪ]
hockey (het)	хоккей	[hɔkkej]
hockeyspeler (de)	хоккейші	[hɔkkejʃɪ]
volleybal (het)	волейбол	[vɔlejbɔl]
volleybalspeler (de)	волейболшы	[vɔlejbɔlʃɪ]
boksen (het)	бокс	[bɔks]
bokser (de)	боксшы	[bɔksʃɪ]
worstelen (het)	күрес	[kyres]
worstelaar (de)	балуан	[bɑlwɑn]
karate (de)	карате	[kɑrɑte]
karateka (de)	каратист	[kɑrɑtɪst]
judo (de)	дзюдо	[dzydɔ]
judoka (de)	дзюдошы	[dzydɔʃɪ]
tennis (het)	теннис	[teŋɪs]
tennisspeler (de)	теннисші	[teŋɪsʃɪ]
zwemmen (het)	жүзу	[ʒyzw]
zwemmer (de)	жүзгіш	[ʒyzgɪʃ]
schermen (het)	сайысу	[sɑjɪsw]
schermer (de)	сайысшы	[sɑjɪsʃɪ]
schaak (het)	шахмат	[ʃɑhmɑt]
schaker (de)	шахматшы	[ʃɑhmɑtʃɪ]
alpinisme (het)	альпинизм	[ɑʎpɪnɪzm]
alpinist (de)	альпинист	[ɑʎpɪnɪst]
hardlopen (het)	жүгіру	[ʒygɪrw]

renner (de)	жүгіріш	[ʒygɪrɪʃ]
atletiek (de)	жеңіл атлетика	[ʒeŋɪl atletɪka]
atleet (de)	атлет	[atlet]

paardensport (de)	ат спорты	[at sportɪ]
ruiter (de)	атбегі	[atbegɪ]

kunstschaatsen (het)	мәнерлеп сырғанау	[mænerlep sɪrɣanaw]
kunstschaatser (de)	мәнерлеп сырғанаушы	[mænerlep sɪrɣanawʃɪ]
kunstschaatsster (de)	мәнерлеп сырғанаушы	[mænerlep sɪrɣanawʃɪ]

gewichtheffen (het)	ауыр атлетика	[awɪr atletɪka]
autoraces (mv.)	автожарыс	[avtoʒarɪs]
coureur (de)	жарысушы	[ʒarɪswʃɪ]

wielersport (de)	велосипед спорты	[welɔsɪped sportɪ]
wielrenner (de)	велосипедші	[welɔsɪpedʃɪ]

verspringen (het)	ұзындыққа секіру	[uzɪndɪqqa sekɪrw]
polsstokspringen (het)	сырықпен секіру	[sɪrɪqpen sekɪrw]
verspringer (de)	секіргіш	[sekɪrgɪʃ]

114. Soorten sporten. Diversen

Amerikaans voetbal (het)	америка футболы	[amerɪka fwtbolɪ]
badminton (het)	бадминтон	[badmɪntɔn]
biatlon (de)	биатлон	[bɪatlɔn]
biljart (het)	бильярд	[bɪʎjard]

bobsleeën (het)	бобслей	[bobslej]
bodybuilding (de)	бодибилдинг	[bɔdɪbɪldɪŋ]
waterpolo (het)	су добы	[sw dɔbɪ]
handbal (de)	гандбол	[gandbɔl]
golf (het)	гольф	[goʎf]

roeisport (de)	ескек	[eskek]
duiken (het)	дайвинг	[dajwɪŋ]
langlaufen (het)	шаңғы жарысы	[ʃaŋɣɪ ʒarɪsɪ]
tafeltennis (het)	стол үсті теннисі	[stɔl justɪ teŋɪsɪ]

zeilen (het)	желкен спорты	[ʒelken sportɪ]
rally (de)	ралли	[rallɪ]
rugby (het)	регби	[regbɪ]
snowboarden (het)	сноуборд	[snɔwbɔrd]
boogschieten (het)	садақпен ату	[sadaqpen atw]

115. Fitnessruimte

lange halter (de)	штанга	[ʃtaŋa]
halters (mv.)	гантель	[ganteʎ]
training machine (de)	тренажёр	[trenaʒɔr]
hometrainer (de)	велотренажёр	[welɔtrenaʒɔr]

loopband (de)	жарыс жолы	[ʒarıs ʒolı]
rekstok (de)	турник	[twrnık]
brug (de) gelijke leggers	қырлы беренелер	[qırlı børeneler]
paardsprong (de)	ат	[at]
mat (de)	мат	[mat]

springtouw (het)	секіргіш	[sekırgıʃ]
aerobics (de)	аэробика	[aærɔbıka]
yoga (de)	йога	[joga]

116. Sporten. Diversen

Olympische Spelen (mv.)	олимпиялық ойындар	[ɔlımpıjalıq ɔjındar]
winnaar (de)	жеңімпаз	[ʒeŋımpaz]
overwinnen (ww)	жеңу	[ʒeŋw]
winnen (ww)	ұту	[ʊtw]

| leider (de) | жетекші | [ʒetekʃı] |
| leiden (ww) | озу | [ɔzw] |

eerste plaats (de)	бірінші орын	[bırınʃı ɔrın]
tweede plaats (de)	екінші орын	[ekınʃı ɔrın]
derde plaats (de)	үшінші орын	[juʃınʃı ɔrın]

medaille (de)	медаль	[medaʎ]
trofee (de)	олжа	[ɔlʒa]
beker (de)	кубок	[kwbɔk]
prijs (de)	жүлде	[ʒylde]
hoofdprijs (de)	бас жүлде	[bas ʒylde]

| record (het) | рекорд | [rekɔrd] |
| een record breken | рекорд жасау | [rekɔrd ʒasaw] |

| finale (de) | финал | [fınal] |
| finale (bn) | финалдық | [fınaldıq] |

| kampioen (de) | чемпион | [tʃempıɔn] |
| kampioenschap (het) | чемпионат | [tʃempıɔnat] |

stadion (het)	стадион	[stadıɔn]
tribune (de)	трибуна	[trıbwna]
fan, supporter (de)	жанкүйер	[ʒaŋkjujer]
tegenstander (de)	қарсылас	[qarsılas]

| start (de) | старт | [start] |
| finish (de) | финиш | [fınıʃ] |

| nederlaag (de) | жығылыс | [ʒıɣılıs] |
| verliezen (ww) | жеңілу | [ʒeŋılw] |

rechter (de)	төреші	[tøreʃı]
jury (de)	қазылар алқасы	[qazılar alqası]
stand (~ is 3-1)	есеп	[esep]
gelijkspel (het)	тең түсу	[teŋ tysw]

in gelijk spel eindigen	тең ойнау	[teŋ ɔjnɑw]
punt (het)	ұпай	[ʊpɑj]
uitslag (de)	нәтиже	[nætɪʒe]

pauze (de)	үзіліс	[juzɪlɪs]
doping (de)	допинг	[dɔpɪŋ]
straffen (ww)	айып салу	[ɑjɪp sɑlw]
diskwalificeren (ww)	дисквалифицилау	[dɪskvɑlɪfɪtsɪlɑw]

toestel (het)	снаряд	[snɑrʲɑd]
speer (de)	найза	[nɑjzɑ]
kogel (de)	ядро	[jɑdrɔ]
bal (de)	шар	[ʃɑr]

doel (het)	нысана	[nɪsɑnɑ]
schietkaart (de)	нысана	[nɪsɑnɑ]
schieten (ww)	ату	[ɑtw]
precies (bijv. precieze schot)	дәл	[dæl]

trainer, coach (de)	жаттықтырушы	[ʒɑttɪqtɪrwʃɪ]
trainen (ww)	жаттықтыру	[ʒɑttɪqtɪrw]
zich trainen (ww)	жаттығу	[ʒɑttɪɣw]
training (de)	жаттықтыру	[ʒɑttɪqtɪrw]

gymnastiekzaal (de)	спорт залы	[spɔrt zɑlɪ]
oefening (de)	жаттығу	[ʒɑttɪɣw]
opwarming (de)	бой жазу	[bɔj ʒɑzw]

Onderwijs

117. School

school (de)	мектеп	[mektep]
schooldirecteur (de)	мектеп директоры	[mektep dırektorı]
leerling (de)	оқушы	[ɔqwʃı]
leerlinge (de)	оқушы	[ɔqwʃı]
scholier (de)	мектеп оқушысы	[mektep ɔqwʃısı]
scholiere (de)	мектеп оқушысы	[mektep ɔqwʃısı]
leren (lesgeven)	оқыту	[ɔqıtw]
studeren (bijv. een taal ~)	оқу	[ɔqw]
van buiten leren	жаттап алу	[ʒattap alw]
leren (bijv. ~ tellen)	үйрену	[jujrenw]
in school zijn	оқу	[ɔqw]
(schooljongen zijn)		
naar school gaan	мектепке бару	[mektepke barw]
alfabet (het)	алфавит	[alfawıt]
vak (schoolvak)	пән	[pæn]
klaslokaal (het)	сынып	[sınıp]
les (de)	сабақ	[sabaq]
pauze (de)	үзіліс	[juzılıs]
bel (de)	қоңырау	[qɔŋıraw]
schooltafel (de)	парта	[parta]
schoolbord (het)	тақта	[taqta]
cijfer (het)	баға	[baɣa]
goed cijfer (het)	жақсы баға	[ʒaksı baɣa]
slecht cijfer (het)	жаман баға	[ʒaman baɣa]
een cijfer geven	баға қою	[baɣa qɔju]
fout (de)	қате	[qate]
fouten maken	қате жасау	[qate ʒasaw]
corrigeren (fouten ~)	дұрыстау	[dʊrıstaw]
spiekbriefje (het)	шпаргалка	[ʃpargalka]
huiswerk (het)	үй тапсырмасы	[juj tapsırması]
oefening (de)	жаттығу	[ʒattıɣw]
aanwezig zijn (ww)	қатысу	[qatısw]
absent zijn (ww)	келмеу	[kelmew]
school verzuimen	сабаққа бармау	[sabaqqa barmaw]
bestraffen (een stout kind ~)	жазалау	[ʒazalaw]
bestraffing (de)	жазалау	[ʒazalaw]

gedrag (het)	мінез-құлық	[mınez quliq]
cijferlijst (de)	күнделік	[kyndelık]
potlood (het)	қарындаш	[qarındaʃ]
gom (de)	өшіргіш	[øʃirgiʃ]
krijt (het)	бор	[bɔr]
pennendoos (de)	қаламсауыт	[qalamsawıt]

boekentas (de)	портфель	[pɔrtfeʎ]
pen (de)	қалам	[qalam]
schrift (de)	дәптер	[dæpter]
leerboek (het)	оқулық	[ɔqwlıq]
passer (de)	циркуль	[tsırkwʎ]

| technisch tekenen (ww) | сызу | [sızw] |
| technische tekening (de) | сызба | [sızba] |

gedicht (het)	өлең	[øleŋ]
van buiten (bw)	жатқа	[ʒatqa]
van buiten leren	жаттап алу	[ʒattap alw]

vakantie (de)	демалыс	[demalıs]
met vakantie zijn	каникулда болу	[kanıkwlda bɔlw]
vakantie doorbrengen	каникулды өткізу	[kanıkwldı øtkızw]

toets (schriftelijke ~)	бақылау жұмысы	[baqılaw ʒumısı]
opstel (het)	шығарма	[ʃıɣarma]
dictee (het)	жат жазу	[ʒat ʒazw]
examen (het)	емтихан	[emtıhan]
examen afleggen	емтихан тапсыру	[emtıhan tapsırw]
experiment (het)	тәжірибе	[tæʒırıbe]

118. Hogeschool. Universiteit

academie (de)	академия	[akademıja]
universiteit (de)	университет	[wnıwersıtet]
faculteit (de)	факультет	[fakwʎtet]

student (de)	студент	[stwdent]
studente (de)	студент	[stwdent]
leraar (de)	оқытушы	[ɔqıtwʃı]

| collegezaal (de) | дәрісхана | [dærıshana] |
| afgestudeerde (de) | бітіруші | [bıtırwʃı] |

| diploma (het) | диплом | [dıplɔm] |
| dissertatie (de) | диссертация | [dıssertatsıja] |

| onderzoek (het) | зерттеу | [zerttew] |
| laboratorium (het) | зертхана | [zerthana] |

college (het)	дәріс	[dærıs]
medestudent (de)	курстас	[kwrstas]
studiebeurs (de)	оқуақы	[ɔqwaqı]
academische graad (de)	ғылыми дәреже	[ɣılımı dæreʒe]

119. Wetenschappen. Disciplines

wiskunde (de)	математика	[matematıka]
algebra (de)	алгебра	[algebra]
meetkunde (de)	геометрия	[geometrıja]
astronomie (de)	астрономия	[astronomıja]
biologie (de)	биология	[bıologıja]
geografie (de)	география	[geografıja]
geologie (de)	геология	[geologıja]
geschiedenis (de)	тарих	[tarıh]
geneeskunde (de)	медицина	[medıtsına]
pedagogiek (de)	педагогика	[pedagogıka]
rechten (mv.)	құқық	[quqıq]
fysica, natuurkunde (de)	физика	[fızıka]
scheikunde (de)	химия	[hımıja]
filosofie (de)	даналықтану	[danalıqtanw]
psychologie (de)	психология	[psıhologıja]

120. Schrift. Spelling

grammatica (de)	грамматика	[grammatıka]
vocabulaire (het)	лексика	[leksıka]
fonetiek (de)	фонетика	[fonetıka]
zelfstandig naamwoord (het)	зат есім	[zat esım]
bijvoeglijk naamwoord (het)	сын есім	[sın esım]
werkwoord (het)	етістік	[etıstık]
bijwoord (het)	үстеу	[justew]
voornaamwoord (het)	есімдік	[esımdık]
tussenwerpsel (het)	одағай	[odaɣaj]
voorzetsel (het)	сылтау	[sıltaw]
stam (de)	сөз түбірі	[søz tybırı]
achtervoegsel (het)	жалғау	[ʒalɣaw]
voorvoegsel (het)	тіркеу	[tırkew]
lettergreep (de)	буын	[bwın]
achtervoegsel (het)	жұрнақ	[ʒurnaq]
nadruk (de)	екпін	[ekpın]
afkappingsteken (het)	дәйекше	[dæjekʃæ]
punt (de)	нүкте	[nykte]
komma (de/het)	үтір	[jutır]
puntkomma (de)	нүктелі үтір	[nyktelı jutır]
dubbelpunt (de)	қос нүкте	[qos nykte]
beletselteken (het)	көп нүкте	[køp nykte]
vraagteken (het)	сұрау белгісі	[suraw belgısı]
uitroepteken (het)	леп белгісі	[lep belgısı]

aanhalingstekens (mv.)	тырнақша	[tırnaqʃa]
tussen aanhalingstekens (bw)	тырнақша ішінде	[tırnaqʃa ıʃınde]
haakjes (mv.)	жақша	[ʒaqʃa]
tussen haakjes (bw)	жақша ішінде	[ʒaqʃa ıʃınde]
streepje (het)	сызықша	[sızıqʃa]
gedachtestreepje (het)	сызықша	[sızıqʃa]
spatie	бос жер	[bɔs ʒer]
(~ tussen twee woorden)		
letter (de)	әріп	[ærıp]
hoofdletter (de)	үлкен әріп	[julken ærıp]
klinker (de)	дауысты дыбыс	[dawıstı dıbıs]
medeklinker (de)	дауыссыз дыбыс	[dawıssız dıbıs]
zin (de)	сөйлем	[søjlem]
onderwerp (het)	бастауыш	[bastawıʃ]
gezegde (het)	баяндауыш	[bajandawıʃ]
regel (in een tekst)	жол	[ʒɔl]
op een nieuwe regel (bw)	жаңа жолдан	[ʒaŋa ʒɔldan]
alinea (de)	азатжол	[azatʒɔl]
woord (het)	сөз	[søz]
woordgroep (de)	сөз тіркесі	[søz tırkesı]
uitdrukking (de)	сөйлемше	[søjlemʃæ]
synoniem (het)	синоним	[sınɔnım]
antoniem (het)	антоним	[antɔnım]
regel (de)	ереже	[ereʒe]
uitzondering (de)	ерекшелік	[erekʃælık]
correct (bijv. ~e spelling)	дұрыс	[dʊrıs]
vervoeging, conjugatie (de)	жіктеу	[ʒıktew]
verbuiging, declinatie (de)	септеу	[septew]
naamval (de)	септік	[septık]
vraag (de)	сұрақ	[sʊraq]
onderstrepen (ww)	астың сызып қою	[astıŋ sızıp qɔju]
stippellijn (de)	нүкте сызық	[nykte sızıq]

121. Vreemde talen

taal (de)	тіл	[tıʎ]
vreemd (bn)	шетелдік	[ʃæteldık]
vreemde taal (de)	зерттеу	[zerttew]
leren (bijv. van buiten ~)	үйрену	[jujrenw]
lezen (ww)	оқу	[ɔqw]
spreken (ww)	сөйлеу	[søjlew]
begrijpen (ww)	түсіну	[tysınw]
schrijven (ww)	жазу	[ʒazw]
snel (bw)	тез	[tez]
langzaam (bw)	баяу	[bajaw]

vloeiend (bw)	еркін	[erkın]
regels (mv.)	ережелер	[ereʒeler]
grammatica (de)	грамматика	[grammatıka]
vocabulaire (het)	лексика	[leksıka]
fonetiek (de)	фонетика	[fɔnetıka]

leerboek (het)	оқулық	[ɔkwlıq]
woordenboek (het)	сөздік	[søzdık]
leerboek (het) voor zelfstudie	өздігінен үйреткіш	[øzdıgınen jujretkıʃ]
taalgids (de)	тілашар	[tılaʃar]

cassette (de)	кассета	[kasseta]
videocassette (de)	бейнетаспа	[bejnetaspa]
CD (de)	CD, компакт-дискі	[sı dı], [kɔmpakt dıskı]
DVD (de)	DVD	[dıwıdı]

alfabet (het)	алфавит	[alfawıt]
spellen (ww)	әріптер бойынша айту	[ærıpter bɔjınʃa ajtw]
uitspraak (de)	айтылыс	[ajtılıs]

accent (het)	акцент	[aktsent]
met een accent (bw)	акцентпен	[aktsentpen]
zonder accent (bw)	акцентсіз	[aktsentsız]

| woord (het) | сөз | [søz] |
| betekenis (de) | мағына | [maɣına] |

cursus (de)	курстар	[kwrstar]
zich inschrijven (ww)	жазылу	[ʒazılw]
leraar (de)	оқытушы	[ɔqıtwʃı]

vertaling (een ~ maken)	аудару	[awdarw]
vertaling (tekst)	аударма	[awdarma]
vertaler (de)	аударушы	[awdarwʃı]
tolk (de)	аударушы	[awdarwʃı]

| polyglot (de) | көп тіл білгіш | [køp tıl bılgıʃ] |
| geheugen (het) | ес | [es] |

122. Sprookjesfiguren

Sinterklaas (de)	Санта Клаус	[santa klaws]
Assepoester (de)	Золушка	[zɔlwʃka]
zeemeermin (de)	су перісі	[sw perısı]
Neptunus (de)	Нептун	[neptwn]

magiër, tovenaar (de)	сиқыршы	[sıqırʃı]
goede heks (de)	сиқыршы	[sıqırʃı]
magisch (bn)	сиқырлы	[sıqırlı]
toverstokje (het)	арбауыш таяқ	[arbawıʃ tajaq]

sprookje (het)	ертегі	[ertegı]
wonder (het)	ғаламат	[ɣalamat]
dwerg (de)	гном	[gnɔm]

veranderen in ... (anders worden)	айналып кету ...	[ajnalıp ketw]
geest (de)	елес	[eles]
spook (het)	елес	[eles]
monster (het)	құбыжық	[qʊbɪʒɪq]
draak (de)	айдаһар	[ajdahar]
reus (de)	алып	[alıp]

123. Dierenriem

Ram (de)	Қой	[qɔj]
Stier (de)	Торпақ	[tɔrpaq]
Tweelingen (mv.)	Зауза	[zawza]
Kreeft (de)	Шаян	[ʃajan]
Leeuw (de)	Арыстан	[arıstan]
Maagd (de)	Бикеш	[bıkeʃ]

Weegschaal (de)	Таразы	[tarazı]
Schorpioen (de)	Шаян	[ʃajan]
Boogschutter (de)	Садақшы	[sadaqʃı]
Steenbok (de)	Ешкімүйіз	[eʃkımyjız]
Waterman (de)	Дәлу	[dælw]
Vissen (mv.)	Балық	[balıq]

karakter (het)	мінез-құлық	[mınez qʊlıq]
karaktertrekken (mv.)	мінез ерекшеліктері	[mınez erekʃælıkterı]
gedrag (het)	тәлім	[tælım]
waarzeggen (ww)	бал ашу	[bal aʃw]
waarzegster (de)	балгер	[balger]
horoscoop (de)	жұлдыз жорамалы	[ʒʊldız ʒɔramalı]

Kunst

124. Theater

theater (het)	театр	[teatr]
opera (de)	опера	[ɔpera]
operette (de)	оперетта	[ɔperetta]
ballet (het)	балет	[balet]

affiche (de/het)	жарқағаз	[ʒarqaɣaz]
theatergezelschap (het)	труппа	[trwppa]
tournee (de)	гастроль	[gastrɔʎ]
op tournee zijn	гастрольде жүру	[gastrɔʎde ʒyrw]
repeteren (ww)	дайындау	[dajɪndaw]
repetitie (de)	репетиция	[repetɪtsɪja]
repertoire (het)	репертуар	[repertwar]

voorstelling (de)	көрініс	[kørɪnɪs]
spektakel (het)	спектакль	[spektakʎ]
toneelstuk (het)	пьеса	[pjesa]

biljet (het)	билет	[bɪlet]
kassa (de)	билет кассасы	[bɪlet kassasɪ]
foyer (de)	холл	[hɔll]
garderobe (de)	гардероб	[garderɔb]
garderobe nummer (het)	нөмір	[nømɪr]
verrekijker (de)	дүрбі	[dyrbɪ]
plaatsaanwijzer (de)	бақылаушы	[baqɪlawʃɪ]

parterre (de)	партер	[parter]
balkon (het)	балкон	[balkɔn]
gouden rang (de)	бельэтаж	[beʎæetaʒ]
loge (de)	ложа	[lɔʒa]
rij (de)	қатар	[qatar]
plaats (de)	орын	[ɔrɪn]

publiek (het)	жұрт	[ʒʊrt]
kijker (de)	көрермен	[kørermen]
klappen (ww)	қол шапалақтау	[qɔl ʃapalaqtaw]
applaus (het)	қол шапалақтау	[qɔl ʃapalaqtaw]
ovatie (de)	қол шапалақтау	[qɔl ʃapalaqtaw]

toneel (op het ~ staan)	сахна	[sahna]
gordijn, doek (het)	шымылдық	[ʃɪmɪldɪq]
toneeldecor (het)	декорация	[dekɔratsɪja]
backstage (de)	ықтырма	[ɪqtɪrma]

scène (de)	көрініс	[kørɪnɪs]
bedrijf (het)	акт	[akt]
pauze (de)	антракт	[antrakt]

125. Bioscoop

acteur (de)	актёр	[aktør]
actrice (de)	актриса	[aktrısa]
bioscoop (de)	кино	[kınɔ]
speelfilm (de)	кино	[kınɔ]
aflevering (de)	серия	[serıja]
detectivefilm (de)	детектив	[detektıv]
actiefilm (de)	боевик	[bɔewık]
avonturenfilm (de)	қызық оқиғалы фильм	[qızıq ɔqıɣalı fıʎm]
sciencefictionfilm (de)	қиялдыфильм	[qıjaldıfıʎm]
griezelfilm (de)	қорқыныш фильм	[qɔrqınıʃ fıʎm]
komedie (de)	кинокомедия	[kınɔkɔmedıja]
melodrama (het)	мелодрама	[melɔdrama]
drama (het)	драма	[drama]
speelfilm (de)	көркем фильм	[kørkem fıʎm]
documentaire (de)	деректі фильм	[derektı fıʎm]
tekenfilm (de)	мультфильм	[mwʎtfıʎm]
stomme film (de)	дыбыссыз кино	[dıbıssız kınɔ]
rol (de)	рөл	[røʎ]
hoofdrol (de)	бас рөлі	[bas rølı]
spelen (ww)	ойнау	[ɔjnaw]
filmster (de)	кино жұлдызы	[kınɔ ʒuldızı]
bekend (bn)	әйгілі	[æjgılı]
beroemd (bn)	атақты	[ataqtı]
populair (bn)	әйгілі	[æjgılı]
scenario (het)	сценарий	[stsænarıj]
scenarioschrijver (de)	сценарист	[stsænarıst]
regisseur (de)	режиссёр	[reʒıssør]
filmproducent (de)	продюсер	[prɔdyser]
assistent (de)	ассистент	[assıstent]
cameraman (de)	оператор	[ɔperatɔr]
stuntman (de)	каскадёр	[kaskadør]
een film maken	фильм түсіру	[fıʎm tysırw]
auditie (de)	сынама	[sınama]
opnamen (mv.)	түсіру	[tysırw]
filmploeg (de)	түсіру тобы	[tysırw tɔbı]
filmset (de)	түсіру алаңы	[tysırw alaŋı]
filmcamera (de)	кинокамера	[kınɔkamera]
bioscoop (de)	кинотеатр	[kınɔteatr]
scherm (het)	экран	[ɛkran]
een film vertonen	фильм көрсету	[fıʎm kørsetw]
geluidsspoor (de)	дыбыс жолы	[dıbıs ʒɔlı]
speciale effecten (mv.)	арнаулыэффектер	[arnawlıɛffekter]
ondertiteling (de)	субтитрлер	[swbtıtrler]

| voortiteling, aftiteling (de) | титрлер | [tıtrler] |
| vertaling (de) | аудармa | [awdarma] |

126. Schilderij

kunst (de)	өнер	[øner]
schone kunsten (mv.)	әсем өнерлер	[æsem ønerler]
kunstgalerie (de)	галерея	[galereja]
kunsttentoonstelling (de)	суреттер көрмесі	[swretter kørmesı]

schilderkunst (de)	сурет өнері	[swret ønerı]
grafiek (de)	графика	[grafıka]
abstracte kunst (de)	абстракционизм	[abstraktsıonızm]
impressionisme (het)	импрессионизм	[ımpressıonızm]

schilderij (het)	сурет	[swret]
tekening (de)	сурет	[swret]
poster (de)	плакат	[plakat]

illustratie (de)	суреттеме	[swretteme]
miniatuur (de)	миниатюра	[mınıatyra]
kopie (de)	көшірме	[køʃırme]
reproductie (de)	көшірім	[køʃırım]

mozaïek (het)	мозаика	[mozaıka]
gebrandschilderd glas (het)	витраж	[wıtraʒ]
fresco (het)	фреска	[freska]
gravure (de)	беземе	[bezeme]

buste (de)	кеуіт	[kewıt]
beeldhouwwerk (het)	мүсін	[mysın]
beeld (bronzen ~)	мүсін	[mysın]
gips (het)	гипс	[gıps]
gipsen (bn)	гипстен	[gıpsten]

portret (het)	портрет	[portret]
zelfportret (het)	автопортрет	[avtoportret]
landschap (het)	пейзаж	[pejzaʒ]
stilleven (het)	натюрморт	[natyrmort]
karikatuur (de)	карикатура	[karıkatwra]
schets (de)	нобай	[nobaj]

verf (de)	бояу	[bojaw]
aquarel (de)	акварель	[akvareʎ]
olieverf (de)	май	[maj]
potlood (het)	қарындаш	[qarındaʃ]
Oostindische inkt (de)	тушь	[twʃ]
houtskool (de)	көмір	[kømır]

tekenen (met krijt)	сурет салу	[swret salw]
poseren (ww)	бір қалыптан қозғалмау	[bır qalıptan qozɣalmaw]
naaktmodel (man)	натуршы	[natwrʃı]
naaktmodel (vrouw)	натуршы	[natwrʃı]
kunstenaar (de)	суретші	[swretʃı]

kunstwerk (het)	шығарма	[ʃiɣarma]
meesterwerk (het)	біртума	[bɪrtwma]
studio, werkruimte (de)	шеберхана	[ʃæberhana]

schildersdoek (het)	кенеп	[kenep]
schildersezel (de)	мольберт	[mɔʎbert]
palet (het)	бояу тақтайша	[bojaw taqtajʃa]

lijst (een vergulde ~)	жақтау	[ʒaqtaw]
restauratie (de)	қалпына келтіру	[qalpɪna keʎtɪrw]
restaureren (ww)	қалпына келтіру	[qalpɪna keʎtɪrw]

127. Literatuur & Poëzie

literatuur (de)	әдебиет	[ædebɪet]
auteur (de)	автор	[avtɔr]
pseudoniem (het)	бүркеншік ат	[byrkenʃɪk at]

boek (het)	кітап	[kɪtap]
boekdeel (het)	том	[tɔm]
inhoudsopgave (de)	мазмұны	[mazmʊnɪ]
pagina (de)	бет	[bet]
hoofdpersoon (de)	бас кейіпкер	[bas kejɪpker]
handtekening (de)	қолтаңба	[qoltaŋba]

verhaal (het)	әңгіме	[æŋgɪme]
novelle (de)	повесть	[powestʲ]
roman (de)	роман	[roman]
werk (literatuur)	шығарма	[ʃiɣarma]
fabel (de)	мысал	[mɪsal]
detectiveroman (de)	детектив	[detektɪv]

gedicht (het)	өлең	[øleŋ]
poëzie (de)	поэзия	[pɔɛzɪja]
epos (het)	дастан	[dastan]
dichter (de)	ақын	[aqɪn]

fictie (de)	беллетристика	[belletrɪstɪka]
sciencefiction (de)	ғылыми фантастика	[ɣɪlɪmɪ fantastɪka]
avonturenroman (de)	қызық оқиғалар	[qɪzɪq oqɪɣalar]
opvoedkundige literatuur (de)	оқу әдебиеті	[ɔqw ædebɪetɪ]
kinderliteratuur (de)	балалар әдебиеті	[balalar ædebɪetɪ]

128. Circus

circus (de/het)	цирк	[tsɪrk]
chapiteau circus (de/het)	цирк-шапито	[tsɪrk ʃapɪtɔ]
programma (het)	бағдарлама	[baɣdarlama]
voorstelling (de)	көрініс	[kørɪnɪs]

nummer (circus ~)	нөмір	[nømɪr]
arena (de)	арена	[arena]

| pantomime (de) | пантомима | [pantɔmıma] |
| clown (de) | клоун | [klɔwn] |

acrobaat (de)	акробат	[akrɔbat]
acrobatiek (de)	акробатика	[akrɔbatıka]
gymnast (de)	гимнаст	[gımnast]
gymnastiek (de)	гимнастика	[gımnastıka]
salto (de)	сальто	[saʎtɔ]

sterke man (de)	атлет	[atlet]
temmer (de)	жуасытушы	[ʒwasıtwʃı]
ruiter (de)	атбегі	[atbegı]
assistent (de)	ассистент	[assıstent]

stunt (de)	трюк	[tryk]
goocheltruc (de)	фокус	[fɔkws]
goochelaar (de)	сиқыршы	[sıqırʃı]

jongleur (de)	жонглёр	[ʒɔŋlør]
jongleren (ww)	жонглерлік ету	[ʒɔŋlerlık etw]
dierentrainer (de)	үйретуші	[jujretwʃı]
dressuur (de)	үйрету	[jujretw]
dresseren (ww)	үйрету	[jujretw]

129. Muziek. Popmuziek

muziek (de)	музыка	[mwzıka]
muzikant (de)	сырнайшы	[sırnajʃı]
muziekinstrument (het)	музыкалық аспап	[mwzıkalıq aspap]
spelen (bijv. gitaar ~)	ойнау ...	[ɔjnaw]

gitaar (de)	гитар	[gıtar]
viool (de)	скрипка	[skrıpka]
cello (de)	виолончель	[wıɔlɔntʃeʎ]
contrabas (de)	контрабас	[kɔntrabas]
harp (de)	арфа	[arfa]

piano (de)	пианино	[pıanınɔ]
vleugel (de)	рояль	[rɔjaʎ]
orgel (het)	орган	[ɔrgan]

blaasinstrumenten (mv.)	үрмелі аспаптар	[jurmelı aspaptar]
hobo (de)	гобой	[gɔbɔj]
saxofoon (de)	саксофон	[saksɔfɔn]
klarinet (de)	кларнет	[klarnet]
fluit (de)	флейта	[flejta]
trompet (de)	керней	[kernej]

| accordeon (de/het) | аккордеон | [akkɔrdeɔn] |
| trommel (de) | дағыра | [daɣıra] |

duet (het)	дуэт	[dwɛt]
trio (het)	үштік	[juʃtık]
kwartet (het)	квартет	[kvartet]

koor (het)	хор	[hɔr]
orkest (het)	оркестр	[ɔrkestr]
popmuziek (de)	поп-музыка	[pɔp mwzɪkɑ]
rockmuziek (de)	рок-музыка	[rɔk mwzɪkɑ]
rockgroep (de)	рок-топ	[rɔk tɔp]
jazz (de)	джаз	[dʒɑz]
idool (het)	пір	[pɪr]
bewonderaar (de)	табынушы	[tɑbɪnwʃɪ]
concert (het)	концерт	[kɔntsert]
symfonie (de)	симфония	[sɪmfɔnɪjɑ]
compositie (de)	шығарма	[ʃɪɣɑrmɑ]
componeren (muziek ~)	жазу	[ʒɑzw]
zang (de)	ән айту	[æn ɑjtw]
lied (het)	ән	[æn]
melodie (de)	әуен	[æwen]
ritme (het)	ырғақ	[ɪrɣɑq]
blues (de)	блюз	[blyz]
bladmuziek (de)	ноталар	[nɔtɑlɑr]
dirigeerstok (baton)	дирижёр таяқшасы	[dɪrɪʒɔr tɑjɑqʃɑsɪ]
strijkstok (de)	ысқы	[ɪsqɪ]
snaar (de)	ішек	[ɪʃæk]
koffer (de)	қын	[qɪn]

Rusten. Entertainment. Reizen

130. Trip. Reizen

toerisme (het)	туризм	[twrɪzm]
toerist (de)	турист	[twrɪst]
reis (de)	саяхат	[sajahat]
avontuur (het)	оқиға	[ɔqɪɣa]
tocht (de)	сапар	[sapar]
vakantie (de)	демалыс	[demalɪs]
met vakantie zijn	демалыста болу	[demalɪsta bɔlw]
rust (de)	демалу	[demalw]
trein (de)	пойыз	[pɔjɪz]
met de trein	пойызбен	[pɔjɪzben]
vliegtuig (het)	ұшақ	[ʊʃaq]
met het vliegtuig	ұшақпен	[ʊʃaqpen]
met de auto	автомобильде	[avtɔmɔbɪʎde]
per schip (bw)	кемеде	[kemede]
bagage (de)	жолжүк	[ʒɔlʒyk]
valies (de)	шабадан	[ʃabadan]
bagagekarretje (het)	жүкке арналған арбаша	[ʒykke arnalɣan arbaʃa]
paspoort (het)	паспорт	[paspɔrt]
visum (het)	виза	[wɪza]
kaartje (het)	билет	[bɪlet]
vliegticket (het)	авиабилет	[awɪabɪlet]
reisgids (de)	жол көрсеткіш	[ʒɔl kørsetkɪʃ]
kaart (de)	карта	[karta]
gebied (landelijk ~)	атырап	[atɪrap]
plaats (de)	мекен	[meken]
exotische bestemming (de)	экзотика	[ɛkzɔtɪka]
exotisch (bn)	экзотикалық	[ɛkzɔtɪkalɪq]
verwonderlijk (bn)	таңғажайып	[taŋɣaʒajɪp]
groep (de)	группа	[grwppa]
rondleiding (de)	экскурсия	[ɛkskwrsɪja]
gids (de)	экскурсия жетекшісі	[ɛkskwrsɪja ʒetekʃɪsɪ]

131. Hotel

hotel (het)	қонақ үй	[qɔnaq juj]
motel (het)	мотель	[mɔtɛʎ]
3-sterren	үш жұлдыз	[juʃ ʒʊldɪz]

5-sterren	бес жұлдыз	[bes ʒʊldız]
overnachten (ww)	тоқтау	[tɔqtaw]
kamer (de)	нөмір	[nømır]
eenpersoonskamer (de)	бір адамдықнөмір	[bır adamdıqnømır]
tweepersoonskamer (de)	екі адамдық нөмір	[ekı adamdıq nømır]
een kamer reserveren	нөмірді броньдау	[nømırdı brɔɲdaw]
halfpension (het)	жартылай пансион	[ʒartılaj pansıɔn]
volpension (het)	толық пансион	[tɔlıq pansıɔn]
met badkamer	ваннамен	[vaɳamen]
met douche	душпен	[dwʃpen]
satelliet-tv (de)	спутник теледидары	[spwtnık teledıdarı]
airconditioner (de)	кондиционер	[kɔndıtsıɔner]
handdoek (de)	орамал	[ɔramal]
sleutel (de)	кілт	[kıʌt]
administrateur (de)	әкімші	[ækımʃı]
kamermeisje (het)	қызметші әйел	[qızmetʃı æjel]
piccolo (de)	жұкші	[ʒykʃı]
portier (de)	портье	[pɔrtje]
restaurant (het)	мейрамхана	[mejramhana]
bar (de)	бар	[bar]
ontbijt (het)	ертеңгілік тамақ	[erteŋgılık tamaq]
avondeten (het)	кешкі тамақ	[keʃkı tamaq]
buffet (het)	шведтік үстел	[ʃwedtıq justeʌ]
hal (de)	вестибюль	[westıbyʌ]
lift (de)	жеделсаты	[ʒedelsatı]
NIET STOREN	МАЗАЛАМАУ	[mazalamaw]
VERBODEN TE ROKEN!	ТЕМЕКІ ТАРТПАУ	[temekı tartpaw]

132. Boeken. Lezen

boek (het)	кітап	[kıtap]
auteur (de)	автор	[avtɔr]
schrijver (de)	жазушы	[ʒazwʃı]
schrijven (een boek)	жазу	[ʒazw]
lezer (de)	оқырман	[ɔqırman]
lezen (ww)	оқу	[ɔqw]
lezen (het)	оқылым	[ɔqılım]
stil (~ lezen)	ішінен оқу	[ıʃınen ɔqw]
hardop (~ lezen)	дауыстап	[dawıstap]
uitgeven (boek ~)	басып шығару	[basıp ʃıɣarw]
uitgeven (het)	басылым	[basılım]
uitgever (de)	баспашы	[baspaʃı]
uitgeverij (de)	баспа	[baspa]
verschijnen (bijv. boek)	шығу	[ʃıɣw]

| verschijnen (het) | шығуы | [ʃɯɣwɯ] |
| oplage (de) | таралым | [taralɯm] |

| boekhandel (de) | кітап дүкені | [kɯtap dykenɯ] |
| bibliotheek (de) | кітапхана | [kɯtaphana] |

novelle (de)	повесть	[pɔwestʲ]
verhaal (het)	әңгіме	[æŋgɯme]
roman (de)	роман	[rɔman]
detectiveroman (de)	детектив	[detektɯv]

memoires (mv.)	ғұмырнама	[ɣjumɯrnama]
legende (de)	аңыз	[aŋɯz]
mythe (de)	миф	[mɯf]

gedichten (mv.)	өлеңдер	[øleŋder]
autobiografie (de)	өмірбаян	[ømɯrbajan]
bloemlezing (de)	таңдамалы	[taŋdamalɯ]
sciencefiction (de)	фантастика	[fantastɯka]

naam (de)	аталым	[atalɯm]
inleiding (de)	алғысөз	[alɣɯsøz]
voorblad (het)	сыртқы беті	[sɯrtqɯ betɯ]

hoofdstuk (het)	бөлім	[bølɯm]
fragment (het)	үзінді	[juzɯndɯ]
episode (de)	эпизод	[ɛpɯzɔd]

intrige (de)	сюжет	[syʒɛt]
inhoud (de)	мазмұны	[mazmʊnɯ]
inhoudsopgave (de)	мазмұны	[mazmʊnɯ]
hoofdpersonage (het)	бас кейіпкер	[bas kejɯpker]

boekdeel (het)	том	[tɔm]
omslag (de/het)	тыс	[tɯs]
boekband (de)	мұқаба	[mʊqaba]
bladwijzer (de)	белгі	[belgɯ]

pagina (de)	бет	[bet]
bladeren (ww)	парақтау	[paraqtaw]
marges (mv.)	шектер	[ʃɛkter]
annotatie (de)	белгі	[belgɯ]
opmerking (de)	ескерту	[eskertw]

tekst (de)	мәтін	[mætɯn]
lettertype (het)	шрифт	[ʃrɯft]
drukfout (de)	жаңсақ басылу	[ʒaŋsaq basɯlw]

vertaling (de)	аударма	[awdarma]
vertalen (ww)	аудару	[awdarw]
origineel (het)	түпнұсқа	[typnʊsqa]

beroemd (bn)	белгілі	[belgɯlɯ]
onbekend (bn)	бейтаныс	[bejtanɯs]
interessant (bn)	қызықты	[qɯzɯqtɯ]
bestseller (de)	бестселлер	[bestseller]

woordenboek (het)	сөздік	[søzdɪk]
leerboek (het)	окулық	[ɔkwlɪq]
encyclopedie (de)	энциклопедия	[ɛntsɪklɔpedɪja]

133. Jacht. Vissen.

jacht (de)	аулау	[awlaw]
jagen (ww)	аулау	[awlaw]
jager (de)	аңшы	[aŋʃɪ]

schieten (ww)	ату	[atw]
geweer (het)	мылтық	[mɪltɪq]
patroon (de)	патрон	[patrɔn]
hagel (de)	бытыра	[bɪtɪra]

val (de)	қақпан	[qaqpan]
valstrik (de)	дұзақ	[dʊzaq]
in de val trappen	торға түсу	[tɔrɣa tysw]
een val zetten	қақпан жасау	[qaqpan ʒasaw]

stroper (de)	браконьер	[brakɔŋjer]
wild (het)	жабайы құс	[ʒabajɪ qʊs]
jachthond (de)	аң аулайтын ит	[aŋ awlajtɪn ɪt]
safari (de)	сафари	[safarɪ]
opgezet dier (het)	тұлып	[tʊlɪp]

visser (de)	балықшы	[balɪqʃɪ]
visvangst (de)	балық аулау	[balɪq awlaw]
vissen (ww)	балық аулау	[balɪq awlaw]

hengel (de)	қармақ	[qarmaq]
vislijn (de)	қармақ бауы	[qarmaq bawɪ]
haak (de)	ілмек	[ɪlmek]

| dobber (de) | қалтқы | [qaltqɪ] |
| aas (het) | жем | [ʒem] |

| de hengel uitwerpen | қармақ тастау | [qarmaq tastaw] |
| bijten (ov. de vissen) | қабу | [qabw] |

| vangst (de) | ауланған балық | [awlanɣan balɪq] |
| wak (het) | ойық | [ɔjɪq] |

| net (het) | ау | [aw] |
| boot (de) | қайық | [qajɪq] |

vissen met netten	аумен аулау	[awmen awlaw]
het net uitwerpen	ау тастау	[aw tastaw]
het net binnenhalen	ау суыру	[aw swɪrw]
in het net vallen	ауға түсу	[awɣa tysw]

walvisvangst (de)	кит аулаушы	[kɪt awlawʃɪ]
walvisvaarder (de)	кит аулау қайығы	[kɪt awlaw qajɪɣɪ]
harpoen (de)	гарпун	[garpwn]

134. Spellen. Biljart

biljart (het)	бильярд	[bɪʎjard]
biljartzaal (de)	бильярдхана	[bɪʎjardhana]
biljartbal (de)	бильярд тасы	[bɪʎjard tasɪ]

een bal in het gat jagen	шар кіргізу	[ʃar kɪrgɪzw]
keu (de)	кий	[kɪj]
gat (het)	луза	[lwza]

135. Spellen. Speelkaarten

ruiten (mv.)	қиық	[qɪːq]
schoppen (mv.)	қарға	[qarɣa]
klaveren (mv.)	түйетабан	[tyetaban]
harten (mv.)	шытыр	[ʃɪtɪr]

aas (de)	тұз	[tʊz]
koning (de)	король	[kɔrɔʎ]
dame (de)	мәтке	[mætke]
boer (de)	балта	[balta]

speelkaart (de)	карта	[karta]
kaarten (mv.)	карталар	[kartalar]
troef (de)	көзір	[køzɪr]
pak (het) kaarten	колода	[kɔlɔda]

punt (bijv. vijftig ~en)	ұпай	[ʊpaj]
uitdelen (kaarten ~)	беру	[berw]
schudden (de kaarten ~)	араластыру	[aralastɪrw]
beurt (de)	жүріс	[ʒyrɪs]
valsspeler (de)	алаяқ	[alajaq]

136. Rusten. Spellen. Diversen

wandelen (on.ww.)	серуендеу	[serwendew]
wandeling (de)	серуен	[serwen]
trip (per auto)	сейілдеу	[sejɪldew]
avontuur (het)	оқиға	[ɔqɪɣa]
picknick (de)	серуен	[serwen]

spel (het)	ойын	[ɔjɪn]
speler (de)	ойыншы	[ɔjɪnʃɪ]
partij (de)	партия	[partɪja]

collectioneur (de)	коллекция жиюшы	[kɔllektsɪja ʒɪjuʃɪ]
collectioneren (ww)	коллекция жинау	[kɔllektsɪja ʒɪnaw]
collectie (de)	коллекция	[kɔllektsɪja]

| kruiswoordraadsel (het) | сөзжұмбақ | [søzʒumbaq] |
| hippodroom (de) | ипподром | [ɪppɔdrɔm] |

discotheek (de)	дискотека	[dɪskɔteka]
sauna (de)	сауна	[sawna]
loterij (de)	лотерея	[lɔtereja]

trektocht (kampeertocht)	жорық	[ʒɔrɪk]
kamp (het)	лагерь	[lagerʲ]
tent (de)	шатыр	[ʃatɪr]
kompas (het)	компас	[kɔmpas]
rugzaktoerist (de)	саяхатшы	[sajahatʃɪ]

bekijken (een film ~)	қарау	[qaraw]
kijker (televisie~)	телекөрермен	[telekørermen]
televisie-uitzending (de)	телехабар	[telehabar]

137. Fotografie

fotocamera (de)	фотоаппарат	[fɔtɔapparat]
foto (de)	бейнесүрет	[bejnesyret]

fotograaf (de)	фотограф	[fɔtɔgraf]
fotostudio (de)	фотостудия	[fɔtɔstwdɪja]
fotoalbum (het)	фотоальбом	[fɔtɔaʎbɔm]

lens (de), objectief (het)	объектив	[ɔbʰektɪv]
telelens (de)	телеобъектив	[teleɔbʰektɪv]
filter (de/het)	сүзгі	[syzgɪ]
lens (de)	линза	[lɪnza]

optiek (de)	оптика	[ɔptɪka]
diafragma (het)	диафрагма	[dɪafragma]
belichtingstijd (de)	түсіру уақыты	[tysɪrw waqɪtɪ]
zoeker (de)	көрсеткіш тетік	[kørsetkɪʃ tetɪk]

digitale camera (de)	сандық камера	[sandɪq kamera]
statief (het)	таяныш	[tajanɪʃ]
flits (de)	жарқылдақ	[ʒarqɪldaq]

fotograferen (ww)	суретке түсіру	[swretke tysɪrw]
kieken (foto's maken)	суретке түсіру	[swretke tysɪrw]
zich laten fotograferen	суретке түсу	[swretke tysw]

focus (de)	айқындық	[ajqɪndɪq]
scherpstellen (ww)	айқындыққа дәлдеу	[ajqɪndɪqqa dældew]
scherp (bn)	айқын	[ajqɪn]
scherpte (de)	айқындық	[ajqɪndɪq]

contrast (het)	қарсыластық	[qarsɪlastɪq]
contrastrijk (bn)	қарама-қарсы	[qarama qarsɪ]

kiekje (het)	сурет, фото	[swret], [fɔtɔ]
negatief (het)	негатив	[negatɪv]
filmpje (het)	фотоплёнка	[fɔtɔpløŋka]
beeld (frame)	кадр	[kadr]
afdrukken (foto's ~)	басып шығару	[basɪp ʃɪɣarw]

138. Strand. Zwemmen

strand (het)	жағажай	[ʒaɣaʒaj]
zand (het)	құм	[qʊm]
leeg (~ strand)	елсіз	[eʎsɪz]

bruine kleur (de)	күнге күю	[kʊŋe kʊju]
zonnebaden (ww)	күнге күю	[kʊŋe kʊju]
gebruind (bn)	күнге күйген	[kyŋe kyjgen]
zonnecrème (de)	қараюға арналған иіс май	[qarajuɣa arnalɣan ɪːs maj]

bikini (de)	бикини	[bɪkɪnɪ]
badpak (het)	суға түсу киімі	[swɣa tysw kɪːmɪ]
zwembroek (de)	суға түсу дамбалы	[swɣa tysw dambalɪ]

zwembad (het)	бассейн	[bassejn]
zwemmen (ww)	жүзу	[ʒyzw]
douche (de)	душ	[dwʃ]
zich omkleden (ww)	қайта киіну	[qajta kɪːnw]
handdoek (de)	орамал	[ɔramal]

boot (de)	қайық	[qajɪq]
motorboot (de)	кішкене кеме	[kɪʃkene keme]
waterski's (mv.)	су шаңғысы	[sw ʃaŋɣɪsɪ]
waterfiets (de)	су велосипеды	[sw welɔsɪpedɪ]
surfen (het)	серфинг	[serfɪŋ]
surfer (de)	серфингист	[serfɪŋɪst]

scuba, aqualong (de)	акваланг	[akvalaŋ]
zwemvliezen (mv.)	ескекаяқ	[eskekajaq]
duikmasker (het)	томағап	[tɔmaɣap]
duiker (de)	сүңгігіш	[syŋgɪgɪʃ]
duiken (ww)	сүңгу	[syŋgw]
onder water (bw)	су астында	[sw astɪnda]

parasol (de)	қол шатыр	[qɔl ʃatɪr]
ligstoel (de)	шезлонг	[ʃæzlɔŋ]
zonnebril (de)	көзілдірік	[køzɪldɪrɪk]
luchtmatras (de/het)	жүзу матрасы	[ʒyzw matrasɪ]

spelen (ww)	ойнау	[ɔjnaw]
gaan zwemmen (ww)	шомылу	[ʃɔmɪlw]

bal (de)	доп	[dɔp]
opblazen (oppompen)	үрлеу	[jurlew]
lucht-, opblaasbare (bn)	үрлемелі	[jurlemelɪ]

golf (hoge ~)	толқын	[tɔlqɪn]
boei (de)	буй	[bwj]
verdrinken (ww)	бату	[batw]

redden (ww)	құтқару	[qʊtqarw]
reddingsvest (de)	құтқару жилеті	[qʊtqarw ʒɪletɪ]
waarnemen (ww)	бақылау	[baqɪlaw]
redder (de)	құтқарушы	[qʊtqarwʃɪ]

TECHNISCHE APPARATUUR. VERVOER

Technische apparatuur

139. Computer

computer (de)	компьютер	[kɔmpjyter]
laptop (de)	ноутбук	[nɔwtbwk]
aanzetten (ww)	қосу	[qɔsw]
uitzetten (ww)	сөндіру	[søndɪrw]
toetsenbord (het)	клавиатура	[klawɪatwra]
toets (enter~)	клавиш	[klawɪʃ]
muis (de)	тышқан	[tɪʃqan]
muismat (de)	кілемше	[kɪlemʃæ]
knopje (het)	түйме	[tyjme]
cursor (de)	курсор	[kwrsɔr]
monitor (de)	монитор	[mɔnɪtɔr]
scherm (het)	экран	[ɛkran]
harde schijf (de)	катты диск	[kattɪ dɪsk]
volume (het)	катты дискінің көлемі	[kattɪ dɪskınıŋ køIemɪ]
van de harde schijf		
geheugen (het)	зерде	[zerde]
RAM-geheugen (het)	оперативтік зерде	[ɔperatɪvtık zerde]
bestand (het)	файл	[fajl]
folder (de)	папка	[papka]
openen (ww)	ашу	[aʃw]
sluiten (ww)	жабу	[ʒabw]
opslaan (ww)	сақтау	[saqtaw]
verwijderen (wissen)	кетіру	[ketɪrw]
kopiëren (ww)	көшіріп алу	[køʃırıp alw]
sorteren (ww)	сұрыптау	[swrɪptaw]
overplaatsen (ww)	қайта көшіру	[qajta køʃɪrw]
programma (het)	бағдарлама	[baɣdarlama]
software (de)	бағдарламалық қамсыздандыру	[baɣdarlamalıq qamsızdandɪrw]
programmeur (de)	бағдарламашы	[baɣdarlamaʃı]
programmeren (ww)	бағдарламалау	[baɣdarlamalaw]
hacker (computerkraker)	хакер	[haker]
wachtwoord (het)	пароль	[parɔʎ]
virus (het)	вирус	[wɪrws]

ontdekken (virus ~)	табу	[tɑbw]
byte (de)	байт	[bɑjt]
megabyte (de)	мегабайт	[megabɑjt]

| data (de) | деректер | [derekter] |
| databank (de) | дерекқор | [derekqɔr] |

kabel (USB-~, enz.)	шоғырсым	[ʃɔɣɪrsɪm]
afsluiten (ww)	үзіп тастау	[juzɪp tɑstɑw]
aansluiten op (ww)	қосу	[qɔsw]

140. Internet. E-mail

internet (het)	интернет	[ɪnternet]
browser (de)	браузер	[brɑwzer]
zoekmachine (de)	іздестіру ресурсы	[ɪzdestɪrw reswrsɪ]
internetprovider (de)	провайдер	[prɔvɑjder]

webmaster (de)	веб-мастер	[web mɑster]
website (de)	веб-сайт	[web sɑjt]
webpagina (de)	веб-бет	[web bet]

| adres (het) | мекен жай | [meken ʒɑj] |
| adresboek (het) | мекен жай кітабы | [meken ʒɑj kɪtɑbɪ] |

postvak (het)	пошта жәшігі	[pɔʃtɑ ʒæʃɪgɪ]
post (de)	пошта	[pɔʃtɑ]
vol (~ postvak)	лық толған	[lɪq tɔlɣɑn]

bericht (het)	хабарлама	[hɑbɑrlɑmɑ]
binnenkomende berichten (mv.)	кіріс хабарламалары	[kɪrɪs hɑbɑrlɑmɑlɑrɪ]
uitgaande berichten (mv.)	шығыс хабарламалары	[ʃɪɣɪs hɑbɑrlɑmɑlɑrɪ]

verzender (de)	жіберуші	[ʒɪberwʃɪ]
verzenden (ww)	жіберу	[ʒɪberw]
verzending (de)	жөнелтім	[ʒøneltɪm]

| ontvanger (de) | алушы | [ɑlwʃɪ] |
| ontvangen (ww) | алу | [ɑlw] |

| correspondentie (de) | қатынасхаттар | [qɑtɪnɑshɑttɑr] |
| corresponderen (met …) | хат жазысу | [hɑt ʒɑzɪsw] |

bestand (het)	файл	[fɑjl]
downloaden (ww)	көшіру	[køʃɪrw]
creëren (ww)	жасау	[ʒɑsɑw]
verwijderen (een bestand ~)	кетіру	[ketɪrw]
verwijderd (bn)	кетірілген	[ketɪrɪlgen]

verbinding (de)	байланыс	[bɑjlɑnɪs]
snelheid (de)	жылдамдық	[ʒɪldɑmdɪq]
modem (de)	модем	[mɔdem]
toegang (de)	кіру мүмкіндігі	[kɪrw mymkɪndɪgɪ]

poort (de)	порт	[pɔrt]
aansluiting (de)	қосылу	[qɔsɪlw]
zich aansluiten (ww)	қосылу	[qɔsɪlw]
selecteren (ww)	таңдау	[taŋdɑw]
zoeken (ww)	іздеу	[ɪzdew]

Vervoer

141. Vliegtuig

vliegtuig (het)	ұшақ	[ʊʃaq]
vliegticket (het)	авиабилет	[awıabılet]
luchtvaartmaatschappij (de)	авиакомпания	[awıakɔmpanıja]
luchthaven (de)	әуежай	[æweʒaj]
supersonisch (bn)	дыбыстан жүйрік	[dıbıstan ʒyjrık]
gezagvoerder (de)	кеме командирі	[keme kɔmandırı]
bemanning (de)	экипаж	[ɛkıpaʒ]
piloot (de)	ұшқыш	[ʊʃqıʃ]
stewardess (de)	аспансерік	[aspanserık]
stuurman (de)	штурман	[ʃtwrman]
vleugels (mv.)	қанаттар	[qanattar]
staart (de)	құйрық	[qwjrıq]
cabine (de)	кабина	[kabına]
motor (de)	қозғалтқыш	[qɔzɣaltqıʃ]
landingsgestel (het)	шасси	[ʃassı]
turbine (de)	турбина	[twrbına]
propeller (de)	пропеллер	[prɔpeller]
zwarte doos (de)	қара жәшік	[qara ʒæʃık]
stuur (het)	штурвал	[ʃtwrval]
brandstof (de)	жағармай	[ʒaɣarmaj]
veiligheidskaart (de)	нұсқама	[nʊsqama]
zuurstofmasker (het)	оттегі маскасы	[ɔttegı maskasɪ]
uniform (het)	униформа	[wnıfɔrma]
reddingsvest (de)	құтқару жилеті	[qʊtqarw ʒıletı]
parachute (de)	парашют	[paraʃwt]
opstijgen (het)	ұшып көтерілу	[ʊʃıp køterılw]
opstijgen (ww)	ұшып көтерілу	[ʊʃıp køterılw]
startbaan (de)	ұшу алаңы	[ʊʃw alaŋı]
zicht (het)	көріну	[kørınw]
vlucht (de)	ұшу	[ʊʃw]
hoogte (de)	биіктік	[bɪːktık]
luchtzak (de)	әуе құдығы	[æwe qʊndɪɣɪ]
plaats (de)	орын	[ɔrın]
koptelefoon (de)	құлаққап	[qʊlaqqap]
tafeltje (het)	қайырмалы үстел	[qajırmalı justel]
venster (het)	иллюминатор	[ıllymınatɔr]
gangpad (het)	өткел	[øtkeʎ]

142. Trein

trein (de)	пойыз	[pɔjɪz]
elektrische trein (de)	электричка	[ɛlektrɪtʃka]
sneltrein (de)	жүрдек пойыз	[ʒyrdek pɔjɪz]
diesellocomotief (de)	тепловоз	[teplɔvɔz]
locomotief (de)	паровоз	[parɔvɔz]
rijtuig (het)	вагон	[vagɔn]
restauratierijtuig (het)	вагон-ресторан	[vagɔn restɔran]
rails (mv.)	рельстер	[reʎster]
spoorweg (de)	темір жол	[temɪr ʒɔl]
dwarsligger (de)	шпал	[ʃpal]
perron (het)	платформа	[platfɔrma]
spoor (het)	жол	[ʒɔl]
semafoor (de)	семафор	[semafɔr]
halte (bijv. kleine treinhalte)	станция	[stantsɪja]
machinist (de)	машинист	[maʃɪnɪst]
kruier (de)	жүк тасушы	[ʒyk taswʃɪ]
conducteur (de)	жолбасшы	[ʒɔlbasʃɪ]
passagier (de)	жолаушы	[ʒɔlawʃɪ]
controleur (de)	бақылаушы	[baqɪlawʃɪ]
gang (in een trein)	дәліз	[dælɪz]
noodrem (de)	тоқтату краны	[tɔqtatw kranɪ]
coupé (de)	купе	[kwpe]
bed (slaapplaats)	сөре	[søre]
bovenste bed (het)	жоғарғы сөре	[ʒɔɣarɣɪ søre]
onderste bed (het)	төменгі сөре	[tømeŋɪ søre]
beddengoed (het)	төсек-орын белье	[tøsek ɔrɪn beʎje]
kaartje (het)	билет	[bɪlet]
dienstregeling (de)	кесте	[keste]
informatiebord (het)	табло	[tablɔ]
vertrekken	шегіну	[ʃægɪnw]
(De trein vertrekt ...)		
vertrek (ov. een trein)	пойыздың жүруі	[pɔjɪzdɪŋ ʒyrwɪ]
aankomen (ov. de treinen)	келу	[kelw]
aankomst (de)	келу	[kelw]
aankomen per trein	пойызбен келу	[pɔjɪzben kelw]
in de trein stappen	пойызға отыру	[pɔjɪzɣa ɔtɪrw]
uit de trein stappen	пойыздан шығу	[pɔjɪzdan ʃɪɣw]
treinwrak (het)	апат	[apat]
locomotief (de)	паровоз	[parɔvɔz]
stoker (de)	от жағушы	[ɔt ʒaɣwʃɪ]
stookplaats (de)	оттық	[ɔttɪq]
steenkool (de)	көмір	[kømɪr]

143. Schip

schip (het)	кеме	[keme]
vaartuig (het)	кеме	[keme]
stoomboot (de)	пароход	[parɔhɔd]
motorschip (het)	теплоход	[teplɔhɔd]
lijnschip (het)	лайнер	[lajner]
kruiser (de)	крейсер	[krejser]
jacht (het)	яхта	[jahta]
sleepboot (de)	буксир	[bwksır]
duwbak (de)	баржа	[barʒa]
ferryboot (de)	паром	[parɔm]
zeilboot (de)	желкенші	[ʒelkenʃı]
brigantijn (de)	бригантина	[brıgantına]
IJsbreker (de)	мұз жарғыш	[mʊz ʒarɣıʃ]
duikboot (de)	сүңгуір қайық	[syŋgwır qajıq]
boot (de)	қайық	[qajıq]
sloep (de)	шлюпка	[ʃlypka]
reddingssloep (de)	құтқарушы қайық	[qʊtqarʊʃı qajıq]
motorboot (de)	кеме	[keme]
kapitein (de)	капитан	[kapıtan]
zeeman (de)	кемеші	[kemeʃı]
matroos (de)	теңізші	[teŋızʃı]
bemanning (de)	экипаж	[ɛkıpaʒ]
bootsman (de)	боцман	[bɔtsman]
scheepsjongen (de)	юнга	[juŋa]
kok (de)	кок	[kɔk]
scheepsarts (de)	кеме дәрігері	[keme dærıgerı]
dek (het)	палуба	[palwba]
mast (de)	діңгек	[dıŋgek]
zeil (het)	желкен	[ʒelken]
ruim (het)	трюм	[trym]
voorsteven (de)	тұмсық	[tʊmsıq]
achtersteven (de)	корма	[kɔrma]
roeispaan (de)	ескек	[eskek]
schroef (de)	винт	[wınt]
kajuit (de)	каюта	[kajuta]
officierskamer (de)	ортақ бөлме	[ɔrtaq bølme]
machinekamer (de)	машина бөлімі	[maʃına bølımı]
brug (de)	капитан мінбесі	[kapıtan mınbesı]
radiokamer (de)	радиорубка	[radıɔrwbka]
radiogolf (de)	толқын	[tɔlqın]
logboek (het)	кеме журналы	[keme ʒwrnalı]
verrekijker (de)	көру дүрбісі	[kørw dyrbısı]
klok (de)	қоңырау	[qɔŋıraw]

vlag (de)	ту	[tw]
kabel (de)	арқан	[arqan]
knoop (de)	түйін	[tyjın]

| trapleuning (de) | тұтқа | [tʊtqa] |
| trap (de) | басқыш | [basqɪʃ] |

anker (het)	зәкір	[zækır]
het anker lichten	зәкірді көтеру	[zækırdı køterw]
het anker neerlaten	зәкірді тастау	[zækırdı tastaw]
ankerketting (de)	зәкір шынжыры	[zækır ʃınʒırı]

haven (bijv. containerhaven)	кемежай	[kemeʒaj]
kaai (de)	айлақ	[ajlaq]
aanleggen (ww)	айлақтау	[ajlaqtaw]
wegvaren (ww)	қозғалып кету	[qozɣalıp ketw]

reis (de)	саяхат	[sajahat]
cruise (de)	круиз	[krwız]
koers (de)	бағыт	[baɣıt]
route (de)	бағдар	[baɣdar]

vaarwater (het)	фарватер	[farvater]
zandbank (de)	қайыр	[qajır]
stranden (ww)	тақырға отырып қалу	[taqırɣa ɔtırıp qalw]

storm (de)	дауыл	[dawıl]
signaal (het)	сигнал	[sıgnal]
zinken (ov. een boot)	бату	[batw]
SOS (noodsignaal)	SOS	[sɔs]
reddingsboei (de)	құтқару дөңгелегі	[qjutqarw døŋgelegı]

144. Vliegveld

luchthaven (de)	әуежай	[æweʒaj]
vliegtuig (het)	ұшақ	[ʊʃaq]
luchtvaartmaatschappij (de)	авиакомпания	[awıakɔmpanıja]
luchtverkeersleider (de)	диспетчер	[dıspetʃer]

vertrek (het)	ұшу	[ʊʃw]
aankomst (de)	ұшып келу	[ʊʃıp kelʊ]
aankomen (per vliegtuig)	ұшып келу	[ʊʃıp kelʊ]

| vertrektijd (de) | ұшып шығу уақыты | [ʊʃıp ʃıɣʊ ʊaqıtı] |
| aankomstuur (het) | ұшып келу уақыты | [ʊʃıp kelʊ ʊaqıtı] |

| vertraagd zijn (ww) | кідіру | [kıdırw] |
| vluchtvertraging (de) | ұшып шығудың кідіруі | [ʊʃıp ʃıɣwdıdıŋ kıdırwı] |

informatiebord (het)	ақпараттық табло	[aqparatıq tablɔ]
informatie (de)	ақпарат	[aqparat]
aankondigen (ww)	әйгілеу	[æjgılew]
vlucht (bijv. KLM ~)	рейс	[rejs]

| douane (de) | кеден | [keden] |
| douanier (de) | кеденші | [kedenʃı] |

douaneaangifte (de)	декларация	[deklaratsıja]
een douaneaangifte invullen	декларацияны толтыру	[deklaratsıjanı toltırw]
paspoortcontrole (de)	төлқұжат бақылауы	[tolquʒat baqılauı]

bagage (de)	жүк	[ʒyk]
handbagage (de)	қол жүк	[qol ʒyk]
Gevonden voorwerpen	жүктің іздестіруі	[ʒyktıŋ ızdestırwı]
bagagekarretje (het)	арбаша	[arbaʃa]

landing (de)	отырғызу	[otırɣızw]
landingsbaan (de)	отырғызу алабы	[otırɣızw alabı]
landen (ww)	қону	[qonw]
vliegtuigtrap (de)	басқыш	[basqıʃ]

inchecken (het)	тіркеу	[tırkew]
incheckbalie (de)	тіркеу үлдірігі	[tırkew juʎdırıgı]
inchecken (ww)	тіркелу	[tırkelw]
instapkaart (de)	отырғызу талоны	[otırɣızw talonı]
gate (de)	шығу	[ʃıɣw]

transit (de)	транзит	[tranzıt]
wachten (ww)	күту	[kytw]
wachtzaal (de)	күту залы	[kytw zalı]
begeleiden (uitwuiven)	ұзату	[uzatw]
afscheid nemen (ww)	қоштасу	[qoʃtasw]

145. Fiets. Motorfiets

fiets (de)	велосипед	[welosıped]
bromfiets (de)	мотороллер	[motoroller]
motorfiets (de)	мотоцикл	[mototsıkl]

met de fiets rijden	велосипедпен жүру	[welosıpedpen ʒyrw]
stuur (het)	тұтқа	[tutqa]
pedaal (de/het)	педаль	[pedaʎ]
remmen (mv.)	тежеуіштер	[teʒewıʃter]
fietszadel (de/het)	ер-тоқым	[er toqım]

pomp (de)	сорғы	[sorɣı]
bagagedrager (de)	жүксалғыш	[ʒyksalɣıʃ]
fietslicht (het)	фонарь	[fonarʲ]
helm (de)	дулыға	[dwlıɣa]

wiel (het)	дөңгелек	[døŋgelek]
spatbord (het)	қанат	[qanat]
velg (de)	шеңбер	[ʃeŋber]
spaak (de)	шабақ	[ʃabaq]

Auto's

146. Soorten auto's

auto (de)	автокөлік	[avtɔkǿlɪk]
sportauto (de)	спорт автомобилі	[spɔrt avtɔmɔbılı]
limousine (de)	лимузин	[lɪmwzɪn]
terreinwagen (de)	джип	[dʒɪp]
cabriolet (de)	кабриолет	[kabrɪɔlet]
minibus (de)	шағын автобус	[ʃaɣɪn avtɔbws]
ambulance (de)	жедел жәрдем	[ʒedel ʒærdem]
sneeuwruimer (de)	қар жинаушы машина	[qar ʒɪnawʃı maʃına]
vrachtwagen (de)	жүк автомобилі	[ʒyk avtɔmɔbılı]
tankwagen (de)	бензин тасымалдаушы	[benzın tasımaldawʃı]
bestelwagen (de)	фургон	[fwrgɔn]
trekker (de)	тартқыш	[tartqıʃ]
aanhangwagen (de)	тіркелгіш	[tırkelgıʃ]
comfortabel (bn)	жабдықталған	[ʒabdıqtalɣan]
tweedehands (bn)	пайдаланылған	[pajdalanılɣan]

147. Auto's. Carrosserie

motorkap (de)	капот	[kapot]
spatbord (het)	қанат	[qanat]
dak (het)	шатыр	[ʃatır]
voorruit (de)	желді әйнек	[ʒeldı æjnek]
achterruit (de)	артқы көрініс айнасы	[artqı kɔrınıs ajnası]
ruitensproeier (de)	жуғыш	[ʒwɣıʃ]
wisserbladen (mv.)	шыны тазартқыштар	[ʃını tazartqıʃtar]
zijruit (de)	бүйір шыны	[byjır ʃını]
raamlift (de)	шыны көтергіш	[ʃını kɔtergıʃ]
antenne (de)	антенна	[anteŋa]
zonnedak (het)	люк	[lyk]
bumper (de)	бампер	[bamper]
koffer (de)	жүксалғыш	[ʒyksalɣıʃ]
portier (het)	есік	[esık]
handvat (het)	тұтқа	[tʊtqa]
slot (het)	құлып	[qʊlıp]
nummerplaat (de)	нөмір	[nǿmır]
knalpot (de)	бәсеңдеткіш	[bæseŋdetkıʃ]

benzinetank (de)	бензин бағы	[benzın bagı]
uitlaatpijp (de)	пайдаланылған газды шығару құбыры	[pajdalanılɣan gazdı ʃıɣarw qubırı]

gas (het)	газ	[gaz]
pedaal (de/het)	педаль	[pedaʎ]
gaspedaal (de/het)	газ педалі	[gaz pedalı]

rem (de)	тежегіш	[teʒegıʃ]
rempedaal (de/het)	тежеуіштің педалі	[teʒewıʃtıŋ pedalı]
remmen (ww)	тежеу	[teʒew]
handrem (de)	қол тежегіш	[qɔl teʒegıʃ]

koppeling (de)	ажырату	[aʒıratw]
koppelingspedaal (de/het)	ажырату педалі	[aʒıratw pedalı]
koppelingsschijf (de)	ажырату дискі	[aʒıratw dıskı]
schokdemper (de)	амортизатор	[amɔrtızatɔr]

wiel (het)	дөңгелек	[døŋgelek]
reservewiel (het)	қордағы доңғалақ	[qɔrdaɣı dɔŋɣalaq]
wieldop (de)	қақпақ	[qaqpaq]

aandrijfwielen (mv.)	жетекші дөңгелектер	[ʒetekʃı døŋgelekter]
met voorwielaandrijving	алдыңғы жетекті	[aldıŋɣı ʒetektı]
met achterwielaandrijving	артқы жетекті	[artqı ʒetektı]
met vierwielaandrijving	толық жетекті	[tɔlıq ʒetektı]

versnellingsbak (de)	беріліс қорабы	[berılıs qɔrabı]
automatisch (bn)	автоматты	[avtɔmatı]
mechanisch (bn)	механикалық	[mehanıkalıq]
versnellingspook (de)	беріліс қорабының тетігі	[berılıs qɔrabınıŋ tetıgı]

voorlicht (het)	фара	[fara]
voorlichten (mv.)	фаралар	[faralar]

dimlicht (het)	жақын жарық	[ʒaqın ʒarıq]
grootlicht (het)	алыс жарық	[alıs ʒarıq]
stoplicht (het)	тоқтау сигналы	[tɔqtaw sıgnalı]

standlichten (mv.)	габаритті оттар	[gabarıttı ɔtar]
noodverlichting (de)	авария оттары	[avarıja ɔtarı]
mistlichten (mv.)	тұманға қарсы фаралар	[tumanɣa qarsı faralar]
pinker (de)	бұрылыс	[burılıs]
achteruitrijdlicht (het)	артқы жүріс	[artqı ʒyrıs]

148. Auto's. Passagiersruimte

interieur (het)	салон	[salɔn]
leren (van leer gemaak)	былғары	[bılɣarı]
fluwelen (abn)	велюр	[welyr]
bekleding (de)	қаптағыш материал	[qaptaɣıʃ materıal]
toestel (het)	аспап	[aspap]
instrumentenbord (het)	аспапты қалқанша	[aspaptı qalqanʃa]

snelheidsmeter (de)	спидометр	[spɪdɔmetr]
pijltje (het)	тіл	[tɪʎ]

kilometerteller (de)	есептегіш	[eseptegɪʃ]
sensor (de)	қадаға	[qadaɣa]
niveau (het)	деңгей	[deŋgej]
controlelampje (het)	лампыша	[lampɪʃa]

stuur (het)	руль	[rwʎ]
toeter (de)	сигнал	[sɪgnal]
knopje (het)	кнопка	[knɔpka]
schakelaar (de)	ауыстырып-қосқыш	[awɪstɪrɪp qɔsqɪʃ]

stoel (bestuurders~)	отырғыш	[ɔtɪrɣɪʃ]
rugleuning (de)	арқалық	[arqalɪq]
hoofdsteun (de)	бас сүйегіш	[bas syjegɪʃ]
veiligheidsgordel (de)	қауіпсіздіктің белбеуі	[qawɪpsɪzdɪktɪŋ belbewɪ]
de gordel aandoen	белбеуді іліктіру	[belbewdɪ ɪlɪktɪrw]
regeling (de)	реттелім	[rettelɪm]

airbag (de)	ауа жастығы	[awa ʒastɪɣɪ]
airconditioner (de)	кондиционер	[kɔndɪtsɪɔner]

radio (de)	радио	[radɪɔ]
CD-speler (de)	CD - ойнатқыш	[sɪdɪ ɔjnatqɪʃ]
aanzetten (bijv. radio ~)	қосу	[qɔsw]
antenne (de)	антенна	[anteŋa]
handschoenenkastje (het)	бардачок	[bardatʃɔk]
asbak (de)	күл салғыш	[kyl salɣɪʃ]

149. Auto's. Motor

diesel- (abn)	дизелді	[dɪzeldɪ]
benzine- (~motor)	бензинді	[benzɪndɪ]

motorinhoud (de)	қозғалтқыштың көлемі	[qɔzɣaltqɪʃtɪŋ kөlemɪ]
vermogen (het)	қуат	[qwat]
paardenkracht (de)	ат күші	[at kyʃɪ]
zuiger (de)	піскек	[pɪskek]
cilinder (de)	цилиндр	[tsɪlɪndr]
klep (de)	клапан	[klapan]

injectie (de)	инжектор	[ɪnʒektɔr]
generator (de)	генератор	[generatɔr]
carburator (de)	карбюратор	[karbyratɔr]
motorolie (de)	моторлық май	[mɔtɔrlɪq maj]

radiator (de)	радиатор	[radɪatɔr]
koelvloeistof (de)	мұздатқыш сұйық	[mʊzdatqɪʃ sʊjɪq]
ventilator (de)	желдеткіш	[ʒeldetkɪʃ]

accu (de)	аккумулятор	[akkwmwʎatɔr]
starter (de)	стартер	[starter]
contact (ontsteking)	оталдыру	[ɔtaldɪrw]

bougie (de)	от алдыру білтесі	[ɔt aldɪrw bɪʌtesɪ]
pool (de)	клемма	[klemma]
positieve pool (de)	қосу	[qɔsw]
negatieve pool (de)	алу	[alw]
zekering (de)	сақтандырғыш	[saqtandɪrɣɪʃ]

luchtfilter (de)	ауа сүзгіші	[awa syzgɪʃɪ]
oliefilter (de)	май фильтрі	[maj fɪʌtrɪ]
benzinefilter (de)	жанармай сүзгіші	[ʒanarmaj syzgɪʃɪ]

150. Auto's. Botsing. Reparatie

auto-ongeval (het)	апат	[apat]
verkeersongeluk (het)	жол оқиғасы	[ʒɔl ɔqɪɣasɪ]
aanrijden (tegen een boom, enz.)	соқтығу	[sɔqtɪɣw]

verongelukken (ww)	сыну	[sɪnw]
beschadiging (de)	бұзылған жер	[bʊzɪlɣan ʒer]
heelhuids (bn)	аман	[aman]

| kapot gaan (zijn gebroken) | істен шығу | [ɪsten ʃɪɣw] |
| sleeptouw (het) | сүйрететін арқан | [syjretetɪn arqan] |

lek (het)	тесік	[tesɪk]
lekke krijgen (band)	ауаны шығарып жіберу	[awanɪ ʃɪɣarɪp ʒɪberw]
oppompen (ww)	үру	[jurw]
druk (de)	қысым	[qɪsɪm]
checken (controleren)	тексеру	[tekserw]

reparatie (de)	жөндеу	[ʒøndew]
garage (de)	жөндеу шеберханасы	[ʒøndew ʃæberhanasɪ]
wisselstuk (het)	қосалқы бөлшек	[qɔsalqɪ bølʃæk]
onderdeel (het)	бөлшек	[bølʃæk]

bout (de)	болт	[bɔlt]
schroef (de)	винт	[wɪnt]
moer (de)	гайка	[gajka]
sluitring (de)	шайба	[ʃajba]
kogellager (de/het)	мойынтірек	[mɔjɪntɪrek]

pijp (de)	түтік	[tytɪk]
pakking (de)	аралық қабат	[aralɪq qabat]
kabel (de)	сым	[sɪm]

dommekracht (de)	домкрат	[dɔmkrat]
moersleutel (de)	бұранда кілт	[bʊranda kɪlt]
hamer (de)	балға	[balɣa]
pomp (de)	сорғы	[sɔrɣɪ]
schroevendraaier (de)	бұрауыш	[bʊrawɪʃ]

brandblusser (de)	өрт сөндіргіш	[ørt søndɪrgɪʃ]
gevarendriehoek (de)	апаттық үшбұрыш	[apattɪq juʃbʊrɪʃ]
afslaan (ophouden te werken)	мотордың өшуі	[mɔtɔrdɪŋ øʃwɪ]

uitvallen (het)	тоқталу	[toqtalw]
zijn gebroken	сынық болу	[sınıq bolw]
oververhitten (ww)	қызып кету	[qızıp ketw]
verstopt raken (ww)	бітеліп қалу	[bıtelıp qalw]
bevriezen (autodeur, enz.)	мұз боп қату	[muz bop qatw]
barsten (leidingen, enz.)	жарылып кету	[ȝarılıp ketw]
druk (de)	қысым	[qısım]
niveau (bijv. olieniveau)	деңгей	[deŋgej]
slap (de drijfriem is ~)	әлсіз	[ælsız]
deuk (de)	жапырылған	[ȝapırılɣan]
geklop (vreemde geluiden)	дүрсіл	[dyrsıl]
barst (de)	жарықшақ	[ȝarıqʃaq]
kras (de)	сызат	[sızat]

151. Auto's. Weg

weg (de)	жол	[ȝol]
snelweg (de)	автомагистраль	[avtomagıstraʎ]
autoweg (de)	шоссе	[ʃosse]
richting (de)	бағыт	[baɣıt]
afstand (de)	аралық	[aralıq]
brug (de)	көпір	[køpır]
parking (de)	паркинг	[parkıŋ]
plein (het)	алаң	[alaŋ]
verkeersknooppunt (het)	аяқталуы	[ajaqtalwı]
tunnel (de)	тоннель	[toŋeʎ]
benzinestation (het)	жанармай	[ȝanarmaj]
parking (de)	автотұрақ	[avtoturaq]
benzinepomp (de)	бензин колонкасы	[benzın koloŋkası]
garage (de)	жөндеудің станциясы	[ȝøndewdıŋ stantsıjası]
tanken (ww)	құю	[quju]
brandstof (de)	жанармай	[ȝanarmaj]
jerrycan (de)	канистр	[kanıstr]
asfalt (het)	асфальт	[asfaʎt]
markering (de)	белгі	[belgı]
trottoirband (de)	ернеу	[ernew]
geleiderail (de)	қоршау	[qorʃaw]
greppel (de)	кювет	[kywet]
vluchtstrook (de)	жолдың жағасы	[ȝoldıŋ ȝaɣası]
lichtmast (de)	бағана	[baɣana]
besturen (een auto ~)	жүргізу	[ȝyrgızw]
afslaan (naar rechts ~)	бұру	[burw]
U-bocht maken (ww)	бұрылу	[burılw]
achteruit (de)	артқы жүріс	[artqı ȝyrıs]
toeteren (ww)	белгі беру	[belgı berw]
toeter (de)	дыбысты белгі	[dıbıstı belgı]

vastzitten (in modder)	тұрып қалу	[tʊrıp qalw]
spinnen (wielen gaan ~)	тұрып қалу	[tʊrıp qalw]
uitzetten (ww)	сөндіру	[søndırw]
snelheid (de)	жылдамдық	[ʒıldamdıq]
een snelheidsovertreding maken	жылдамдықты арттыру	[ʒıldamdıqtı arttırw]
bekeuren (ww)	айыппұл салу	[ajıppʊl salw]
verkeerslicht (het)	бағдаршам	[baɣdarʃam]
rijbewijs (het)	жүргізуші куәлігі	[ʒyrgɛzwʃi kwælıgı]
overgang (de)	өткел	[øtkeʎ]
kruispunt (het)	қиылыс	[qıːlıs]
zebrapad (oversteekplaats)	жаяулардың өтімі	[ʒajawlardıŋ øtımı]
bocht (de)	бұрылыс	[bʊrılıs]
voetgangerszone (de)	жаяулар аймағы	[ʒajawlar ajmaɣı]

MENSEN. GEBEURTENISSEN IN HET LEVEN

Gebeurtenissen in het leven

152. Vakanties. Evenement

feest (het)	мереке	[mereke]
nationale feestdag (de)	ұлттық мереке	[ulttıq mereke]
feestdag (de)	мерекелік күн	[merekelık kyn]
herdenken (ww)	тойлау	[tojlaw]
gebeurtenis (de)	оқиға	[ɔqıɣa]
evenement (het)	шара	[ʃara]
banket (het)	банкет	[baŋket]
receptie (de)	қабылдау	[qabıldaw]
feestmaal (het)	той	[tɔj]
verjaardag (de)	жылдық	[ʒıldıq]
jubileum (het)	мерейтой	[merejtɔj]
vieren (ww)	тойлап өткізу	[tɔjlap ɔtkızw]
Nieuwjaar (het)	жаңа жыл	[ʒaŋa ʒıl]
Gelukkig Nieuwjaar!	Жаңа жылмен!	[ʒaŋa ʒılmen]
Kerstfeest (het)	Рождество	[rɔʒdestvɔ]
Vrolijk kerstfeest!	Рождество мейрамы көңілді болсын!	[rɔʒdestvɔ mejramı kɔŋıldı bɔlsın]
kerstboom (de)	Жаңа жылдық шырша	[ʒaŋa ʒıldıq ʃırʃa]
vuurwerk (het)	салют	[salyt]
bruiloft (de)	үйлену тойы	[jujlenw tɔjı]
bruidegom (de)	күйеу	[kyjew]
bruid (de)	қалыңдық	[qalıŋdıq]
uitnodigen (ww)	шақыру	[ʃaqırw]
uitnodiging (de)	шақыру	[ʃaqırw]
gast (de)	қонақ	[qɔnaq]
op bezoek gaan	қонаққа бару	[qɔnaqqa barw]
gasten verwelkomen	қонақтарды қарсы алу	[qɔnaqtardı qarsı alw]
geschenk, cadeau (het)	сый	[sıj]
geven (iets cadeau ~)	сыйлау	[sıjlaw]
geschenken ontvangen	сыйлар алу	[sıjlar alw]
boeket (het)	байлам	[bajlam]
felicitaties (mv.)	құттықтау	[quttıqtaw]
feliciteren (ww)	құттықтау	[quttıqtaw]
wenskaart (de)	құттықтау ашық хаты	[qutıqtaw aʃıq hatı]

een kaartje versturen	ашық хатты жіберу	[aʃɯq hatɯ ʒɯberw]
een kaartje ontvangen	ашық хатты алу	[aʃɯq hatɯ alw]
toast (de)	тост	[tɔst]
aanbieden (een drankje ~)	дәм таттыру	[dæm tatɯrw]
champagne (de)	шампанское	[ʃampan]
plezier hebben (ww)	көңіл көтеру	[køŋɪl kɔterw]
plezier (het)	сауық-сайран	[sawɯq sajran]
vreugde (de)	қуаныш	[qwanɯʃ]
dans (de)	би	[bɯ]
dansen (ww)	билеу	[bɯlew]
wals (de)	вальс	[vaʎs]
tango (de)	танго	[taŋɔ]

153. Begrafenissen. Begrafenis

kerkhof (het)	зират	[zɯrat]
graf (het)	көр	[kør]
grafsteen (de)	барқын	[barqɯn]
omheining (de)	дуал	[dwal]
kapel (de)	кішкентай шіркеу	[kɪʃkentaj ʃɪrkew]
dood (de)	ажал	[aʒal]
sterven (ww)	өлу	[ølw]
overledene (de)	марқұм	[marqʊm]
rouw (de)	аза	[aza]
begraven (ww)	жерлеу	[ʒerlew]
begrafenisonderneming (de)	жерлеу бюросы	[ʒerlew byrɔsɯ]
begrafenis (de)	жерлеу	[ʒerlew]
krans (de)	венок	[wenɔk]
doodskist (de)	табыт	[tabɯt]
lijkwagen (de)	катафалк	[katafalk]
lijkkleed (de)	кебін	[kebɪn]
urn (de)	сауыт	[sawɯt]
crematorium (het)	крематорий	[krematɔrɪj]
overlijdensbericht (het)	азанама	[azanama]
huilen (wenen)	жылау	[ʒɯlaw]
snikken (huilen)	аңырау	[aŋɯraw]

154. Oorlog. Soldaten

peloton (het)	взвод	[vzvɔd]
compagnie (de)	рота	[rɔta]
regiment (het)	полк	[pɔlk]
leger (armee)	армия	[armɪja]

divisie (de)	дивизия	[dıwızıja]
sectie (de)	жасақ	[ʒasaq]
troep (de)	әскер	[æsker]

soldaat (militair)	солдат	[soldat]
officier (de)	офицер	[ofıtser]

soldaat (rang)	қатардағы	[qatardaɣı]
sergeant (de)	сержант	[serʒant]
luitenant (de)	лейтенант	[lejtenant]
kapitein (de)	капитан	[kapıtan]
majoor (de)	майор	[major]
kolonel (de)	полковник	[polkovnık]
generaal (de)	генерал	[general]

matroos (de)	теңізші	[teŋızʃı]
kapitein (de)	капитан	[kapıtan]
bootsman (de)	боцман	[botsman]

artillerist (de)	артиллерист	[artıllerıst]
valschermjager (de)	десантшы	[desantʃı]
piloot (de)	ұшқыш	[uʃqıʃ]
stuurman (de)	штурман	[ʃtwrman]
mecanicien (de)	механик	[mehanık]

sappeur (de)	сапёр	[sapør]
parachutist (de)	парашютші	[paraʃytʃı]
verkenner (de)	барлаушы	[barlawʃı]
scherpschutter (de)	мерген	[mergen]
patrouille (de)	патруль	[patrwʎ]
patrouilleren (ww)	күзету	[kyzetw]
wacht (de)	сақшы	[saqʃı]

krijger (de)	жауынгер	[ʒawıŋer]
held (de)	батыр	[batır]
heldin (de)	батыр	[batır]
patriot (de)	отаншыл	[otanʃıl]

verrader (de)	сатқын	[satqın]
deserteur (de)	қашқын	[qaʃqın]
deserteren (ww)	әскерден қашу	[æskerden qaʃw]

huurling (de)	жалдамшы	[ʒaldamʃı]
rekruut (de)	жаңа шақырылған	[ʒaŋa ʃaqırılɣan]
vrijwilliger (de)	өзі тіленгендер	[øzı tıleŋender]

gedode (de)	өлген	[ølgen]
gewonde (de)	жарақаттанған	[ʒaraqattanɣan]
krijgsgevangene (de)	тұтқын	[tutqın]

155. Oorlog. Militaire acties. Deel 1

oorlog (de)	соғыс	[soɣıs]
oorlog voeren (ww)	соғысу	[soɣısw]

burgeroorlog (de)	азамат соғысы	[azamat soɣısı]
achterbaks (bw)	опасыз	[ɔpasız]
oorlogsverklaring (de)	жариялау	[ʒarıjalaw]
verklaren (de oorlog ~)	жариялау	[ʒarıjalaw]
agressie (de)	агрессия	[agressıja]
aanvallen (binnenvallen)	шабуыл жасау	[ʃabwıl ʒasaw]

binnenvallen (ww)	басып алу	[basıp alw]
invaller (de)	басқыншы	[basqınʃı]
veroveraar (de)	шапқыншы	[ʃapqınʃı]

verdediging (de)	қорғаныс	[qorɣanıs]
verdedigen (je land ~)	қорғау	[qorɣaw]
zich verdedigen (ww)	қорғану	[qorɣanw]

| vijand, tegenstander (de) | жау | [ʒaw] |
| vijandelijk (bn) | жау | [ʒaw] |

| strategie (de) | стратегия | [strategıja] |
| tactiek (de) | тактика | [taktıka] |

order (de)	бұйрық	[bujrıq]
bevel (het)	команда	[kɔmanda]
bevelen (ww)	бұйыру	[bujırw]
opdracht (de)	тапсырма	[tapsırma]
geheim (bn)	құпия	[qupıja]

| veldslag (de) | айқас | [ajqas] |
| strijd (de) | шайқас | [ʃajqas] |

aanval (de)	шабуыл	[ʃabwıl]
bestorming (de)	шабуыл	[ʃabwıl]
bestormen (ww)	шабуыл жасау	[ʃabwıl ʒasaw]
bezetting (de)	қамау	[qamaw]

| aanval (de) | шабуыл | [ʃabwıl] |
| in het offensief te gaan | шабуылдау | [ʃabwıldaw] |

| terugtrekking (de) | шегіну | [ʃegınw] |
| zich terugtrekken (ww) | шегіну | [ʃegınw] |

| omsingeling (de) | қоршау | [qorʃaw] |
| omsingelen (ww) | қоршау | [qorʃaw] |

bombardement (het)	бомбалау	[bɔmbalaw]
een bom gooien	бомба тастау	[bɔmba tastaw]
bombarderen (ww)	бомба тастау	[bɔmba tastaw]
ontploffing (de)	жарылыс	[ʒarılıs]

schot (het)	атыс	[atıs]
een schot lossen	атып жіберу	[atıp ʒıberw]
schieten (het)	атыс	[atıs]

mikken op (ww)	дәлдеу	[dældew]
aanleggen (een wapen ~)	зеңбіректі кезеу	[zeŋbırektı kezew]
treffen (doelwit ~)	нысанаға тигізу	[nısanaɣa tıgızw]

zinken (tot zinken brengen)	суға батыру	[swɣa batɯrw]
kogelgat (het)	тесілген жер	[tesɪlgen ʒer]
zinken (gezonken zijn)	судың түбіне кету	[swdɯŋ tybɪne ketw]
front (het)	майдан	[majdan]
hinterland (het)	тыл	[tɪl]
evacuatie (de)	көшіру	[køʃɪrw]
evacueren (ww)	көшіру	[køʃɪrw]
loopgraaf (de)	окоп, траншея	[ɔkɔp], [tranʃæja]
prikkeldraad (de)	тікенді сым	[tɪkendɪ sɪm]
verdedigingsobstakel (het)	бөгет	[bøget]
wachttoren (de)	мұнара	[mʊnara]
hospitaal (het)	госпиталь	[gɔspɪtaʎ]
verwonden (ww)	жаралау	[ʒaralaw]
wond (de)	жара	[ʒara]
gewonde (de)	жараланған	[ʒaralanɣan]
gewond raken (ww)	жаралану	[ʒaralanw]
ernstig (~e wond)	ауыр	[awɯr]

156. Wapens

wapens (mv.)	қару	[qarw]
vuurwapens (mv.)	ату қаруы	[atw qarwɪ]
koude wapens (mv.)	суық қару	[swɯq qarw]
chemische wapens (mv.)	химиялық қару	[hɪmɪjalɯq qarw]
kern-, nucleair (bn)	ядролық	[jadrɔlɯq]
kernwapens (mv.)	ядролық қару	[jadrɔlɯq qarw]
bom (de)	бомба	[bɔmba]
atoombom (de)	атом бомбасы	[atɔm bɔmbasɪ]
pistool (het)	тапанша	[tapanʃa]
geweer (het)	мылтық	[mɪltɪq]
machinepistool (het)	автомат	[avtɔmat]
machinegeweer (het)	пулемёт	[pwlemøt]
loop (schietbuis)	ауыз	[awɯz]
loop (bijv. geweer met kortere ~)	оқпан	[ɔqpan]
kaliber (het)	калибр	[kalɪbr]
trekker (de)	шүріппе	[ʃyrɪpe]
korrel (de)	көздеуіш	[køzdewɪʃ]
magazijn (het)	қорап	[qɔrap]
geweerkolf (de)	шүйде	[ʃyjde]
granaat (handgranaat)	граната	[granata]
explosieven (mv.)	жарылғыш зат	[ʒarɯlɣɯʃ zat]
kogel (de)	оқ	[ɔq]
patroon (de)	патрон	[patrɔn]

| lading (de) | заряд | [zarʲad] |
| ammunitie (de) | оқ-дәрілер | [ɔq dæriler] |

bommenwerper (de)	бомбалаушы	[bɔmbalawʃɪ]
straaljager (de)	жойғыш	[ʒɔjɣɪʃ]
helikopter (de)	тікұшақ	[tɪkuʃaq]

afweergeschut (het)	зенит зеңбірегі	[zenɪt zeŋbɪregɪ]
tank (de)	танк	[taŋk]
kanon (tank met een ~ van 76 mm)	зеңбірек	[zeŋbɪrek]

| artillerie (de) | артиллерия | [artɪllerɪja] |
| aanleggen (een wapen ~) | бағыттау | [baɣɪttaw] |

projectiel (het)	снаряд	[snarʲad]
mortiergranaat (de)	мина	[mɪna]
mortier (de)	миномёт	[mɪnɔmøt]
granaatscherf (de)	жарқыншақ	[ʒarqɪnʃaq]

duikboot (de)	сүңгуір қайық	[syŋgwɪr qajɪq]
torpedo (de)	торпеда	[tɔrpeda]
raket (de)	ракета	[raketa]

laden (geweer, kanon)	оқтау	[ɔqtaw]
schieten (ww)	ату	[atw]
richten op (mikken)	дәлдеу	[dældew]
bajonet (de)	найза	[najza]

degen (de)	сапы	[sapɪ]
sabel (de)	қылыш	[qɪlɪʃ]
speer (de)	найза	[najza]
boog (de)	садақ	[sadaq]
pijl (de)	оқ	[ɔq]
musket (de)	мушкет	[mwʃket]
kruisboog (de)	арбалет	[arbalet]

157. Oude mensen

primitief (bn)	алғашқы қауымдық	[alɣaʃqɪ qawɪmdɪq]
voorhistorisch (bn)	тарихтан бұрыңғы	[tarɪhtan burɪŋɣɪ]
eeuwenoude (~ beschaving)	ежелгі	[eʒelgɪ]

Steentijd (de)	Тас ғасыры	[tas ɣasɪrɪ]
Bronstijd (de)	Қола дәуірі	[qɔla dæwɪrɪ]
IJstijd (de)	мұз дәуірі	[muz dæwɪrɪ]

stam (de)	тайпа	[tajpa]
menseneter (de)	жалмауыз	[ʒalmawɪz]
jager (de)	аңшы	[aŋʃɪ]
jagen (ww)	аулау	[awlaw]
mammoet (de)	мамонт	[mamɔnt]
grot (de)	үңгір	[juŋgɪr]
vuur (het)	от	[ɔt]

| kampvuur (het) | алау | [alaw] |
| rotstekening (de) | жартасқа салынған сурет | [ʒartasqa salınɣan swret] |

werkinstrument (het)	еңбек құралы	[eŋbek qʊralı]
speer (de)	найза	[najza]
stenen bijl (de)	тас балтасы	[tas baltası]
oorlog voeren (ww)	соғысу	[soɣısw]
temmen (bijv. wolf ~)	қолға үйрету	[qolɣa jujretw]

idool (het)	пұт	[pʊt]
aanbidden (ww)	сыйыну	[sıjınw]
bijgeloof (het)	ырымшылдық	[ırımʃıldıq]

evolutie (de)	эволюция	[ɛvalytsıja]
ontwikkeling (de)	дамушылық	[damwʃılıq]
verdwijning (de)	ғайып болу	[ɣajıp bolw]
zich aanpassen (ww)	бейімделу	[bejımdelw]

archeologie (de)	археология	[arheolɔgıja]
archeoloog (de)	археолог	[arheolɔg]
archeologisch (bn)	археологиялық	[arheolɔgıjalıq]

opgravingsplaats (de)	қазулар	[qazwlar]
opgravingen (mv.)	қазулар	[qazwlar]
vondst (de)	олжа	[ɔʒa]
fragment (het)	үзінді	[juzındı]

158. Middeleeuwen

volk (het)	халық	[halıq]
volkeren (mv.)	халықтар	[halıqtar]
stam (de)	тайпа	[tajpa]
stammen (mv.)	тайпалар	[tajpalar]

barbaren (mv.)	варвардар	[varvardar]
Galliërs (mv.)	галлдар	[galldar]
Goten (mv.)	готтар	[gɔttar]
Slaven (mv.)	славяндар	[slavʲandar]
Vikings (mv.)	викингтер	[wıkıŋter]

| Romeinen (mv.) | римдіктер | [rımdıkter] |
| Romeins (bn) | рим | [rım] |

Byzantijnen (mv.)	византиялықтар	[wızantıjalıqtar]
Byzantium (het)	Византия	[wızantıja]
Byzantijns (bn)	византиялық	[wızantıjalıq]

keizer (bijv. Romeinse ~)	император	[ımperatɔr]
opperhoofd (het)	көсем	[køsem]
machtig (bn)	құдіретті	[qʊdırettı]
koning (de)	король	[kɔrɔʎ]
heerser (de)	билеуші	[bılewʃı]
ridder (de)	сері	[serı]
feodaal (de)	феодал	[feɔdal]

feodaal (bn)	феодалдық	[feɔdaldıq]
vazal (de)	вассал	[vassal]
hertog (de)	герцог	[gertsɔg]
graaf (de)	граф	[graf]
baron (de)	барон	[barɔn]
bisschop (de)	епископ	[epıskɔp]
harnas (het)	қару-жарақ	[qarw ʒaraq]
schild (het)	қалқан	[qalqan]
zwaard (het)	қылыш	[qılıʃ]
vizier (het)	қалқан	[qalqan]
maliënkolder (de)	берен	[beren]
kruistocht (de)	крест жорығы	[krest ʒɔrıɣı]
kruisvaarder (de)	кресші	[kresʃı]
gebied (bijv. bezette ~en)	территория	[terrıtɔrıja]
aanvallen (binnenvallen)	шабуыл жасау	[ʃabwıl ʒasaw]
veroveren (ww)	жаулап алу	[ʒawlap alw]
innemen (binnenvallen)	басып алу	[basıp alw]
bezetting (de)	қамау	[qamaw]
bezet (bn)	қоршалған	[qɔrʃalɣan]
belegeren (ww)	қоршап алу	[qɔrʃap alw]
inquisitie (de)	инквизиция	[ıŋkwızıtsıja]
inquisiteur (de)	инквизитор	[ıŋkwızıtɔr]
foltering (de)	азап	[azap]
wreed (bn)	қатал	[qatal]
ketter (de)	дінбұзар	[dınbʊzar]
ketterij (de)	дінбұзарлық	[dınbʊzarlıq]
zeevaart (de)	теңізде жүзу	[teŋızde ʒyzw]
piraat (de)	пират	[pırat]
piraterij (de)	қарақшылық	[qaraqʃılıq]
enteren (het)	абордаж	[abɔrdaʒ]
buit (de)	олжа	[ɔlʒa]
schatten (mv.)	қазыналар	[qazınalar]
ontdekking (de)	ашу	[aʃw]
ontdekken (bijv. nieuw land)	ашу	[aʃw]
expeditie (de)	экспедиция	[ɛkspedıtsıja]
musketier (de)	мушкетёр	[mwʃketør]
kardinaal (de)	кардинал	[kardınal]
heraldiek (de)	геральдика	[geraʎdıka]
heraldisch (bn)	геральдикалық	[geraʎdıkalıq]

159. Leider. Baas. Autoriteiten

koning (de)	король	[kɔrɔʎ]
koningin (de)	королева	[kɔrɔleva]
koninklijk (bn)	корольдық	[kɔrɔʎdıq]

koninkrijk (het)	корольдық	[kɔrɔʎdıq]
prins (de)	ханзада	[hanzada]
prinses (de)	ханшайым	[hanʃajım]

president (de)	президент	[prezıdent]
vicepresident (de)	вице-президент	[witse prezıdent]
senator (de)	сенатор	[senatɔr]

monarch (de)	монарх	[mɔnarh]
heerser (de)	билеуші	[bılewʃı]
dictator (de)	диктатор	[dıktatɔr]
tiran (de)	тиран	[tıran]
magnaat (de)	магнат	[magnat]

directeur (de)	директор	[dırektɔr]
chef (de)	бастық	[bastıq]
beheerder (de)	басқарушы	[basqarwʃı]
baas (de)	босс	[bɔss]
eigenaar (de)	ие	[ıe]

hoofd (bijv. ~ van de delegatie)	басшы	[basʃı]
autoriteiten (mv.)	өкіметтер	[økımeter]
superieuren (mv.)	бастықтар	[bastıqtar]

gouverneur (de)	губернатор	[gwbernatɔr]
consul (de)	консул	[kɔnswl]
diplomaat (de)	дипломат	[dıplɔmat]
burgemeester (de)	қалабасы	[qalabası]
sheriff (de)	шериф	[ʃærıf]

keizer (bijv. Romeinse ~)	император	[ımperatɔr]
tsaar (de)	патша	[patʃa]
farao (de)	перғауын	[perɣawın]
kan (de)	хан	[han]

160. De wet overtreden. Criminelen. Deel 1

bandiet (de)	бандит	[bandıt]
misdaad (de)	қылмыс	[qılmıs]
misdadiger (de)	қылмыскер	[qılmısker]

dief (de)	ұры	[ʊrı]
stelen (ww)	ұрлау	[ʊrlaw]
stelen, diefstal (de)	ұрлық	[ʊrlıq]

kidnappen (ww)	ұрлап алу	[ʊrlap alw]
kidnapping (de)	жымқыру	[ʒımqırw]
kidnapper (de)	ұрлаушы	[ʊrlawʃı]

losgeld (het)	құн	[qʊn]
eisen losgeld (ww)	құнды талап ету	[qʊndı talap etw]
overvallen (ww)	тонау	[tɔnaw]
overval (de)	қарақшылық	[qaraqʃılıq]

overvaller (de)	тонаушы	[tɔnawʃɪ]
afpersen (ww)	қорқытып алу	[qɔrqɪtɪp alw]
afperser (de)	қорқытып алушы	[qɔrqɪtɪp alwʃɪ]
afpersing (de)	қорқытып алушылық	[qɔrqɪtɪp alwʃɪlɪq]

vermoorden (ww)	өлтіру	[øltɪrw]
moord (de)	өлтірушілік	[øltɪrwʃɪlɪk]
moordenaar (de)	өлтіруші	[øltɪrwʃɪ]

schot (het)	ату	[atw]
een schot lossen	атып жіберу	[atɪp ʒɪberw]
neerschieten (ww)	атып өлтіру	[atɪp øltɪrw]
schieten (ww)	ату	[atw]
schieten (het)	атыс	[atɪs]

ongeluk (gevecht, enz.)	оқиға	[ɔqɪɣa]
gevecht (het)	төбелес	[tøbeles]
Help!	Көмекке! Құтқараңыз!	[kømekke qutqarɪŋɪz]
slachtoffer (het)	құрбан	[qurban]
beschadigen (ww)	зақымдау	[zaqɪmdaw]
schade (de)	зиян	[zɪjan]
lijk (het)	өлік	[ølɪk]
zwaar (~ misdrijf)	ауыр	[awɪr]

aanvallen (ww)	бас салу	[bas salw]
slaan (iemand ~)	ұру	[urw]
in elkaar slaan (toetakelen)	ұрып-соғу	[urɪp sɔɣw]
ontnemen (beroven)	тартып алу	[tartɪp alw]
steken (met een mes)	бауыздау	[bawɪzdaw]
verminken (ww)	зағыптандыру	[zaɣɪptandɪrw]
verwonden (ww)	жаралау	[ʒaralaw]

chantage (de)	бопса	[bɔpsa]
chanteren (ww)	бопсалау	[bɔpsalaw]
chanteur (de)	бопсашыл	[bɔpsaʃɪl]

afpersing (de)	рэкет	[rɛket]
afperser (de)	рэкетир	[rɛketɪr]
gangster (de)	гангстер	[gaŋster]
maffia (de)	мафия	[mafɪja]

kruimeldief (de)	қалталық ұры	[qaltalɪq urɪ]
inbreker (de)	бұзып түсетін ұры	[buzɪp tysetɪn urɪ]
smokkelen (het)	контрабанда	[kɔntrabanda]
smokkelaar (de)	контрабандашы	[kɔntrabandaʃɪ]

namaak (de)	жалған	[ʒalɣan]
namaken (ww)	жалған істеу	[ʒalɣan ɪstew]
namaak-, vals (bn)	жалған	[ʒalɣan]

161. De wet overtreden. Criminelen. Deel 2

| verkrachting (de) | зорлау | [zɔrlaw] |
| verkrachten (ww) | зорлау | [zɔrlaw] |

verkrachter (de)	зорлаушы	[zɔrlawʃɪ]
maniak (de)	маньяк	[maɲjak]
prostituee (de)	жезөкше	[ʒezøkʃæ]
prostitutie (de)	жезөкшелік	[ʒezøkʃælɪk]
pooier (de)	сутенёр	[swtenør]
drugsverslaafde (de)	нашақор	[naʃaqɔr]
drugshandelaar (de)	есірткілермен саудагер	[esɪrtkɪlermen sawdager]
opblazen (ww)	жару	[ʒarw]
explosie (de)	жарылыс	[ʒarɪlɪs]
in brand steken (ww)	өртеу	[ørtew]
brandstichter (de)	өртеуші	[ørtewʃɪ]
terrorisme (het)	терроризм	[terrɔrɪzm]
terrorist (de)	терроршы	[terrɔrʃɪ]
gijzelaar (de)	кепілгер	[kepɪlger]
bedriegen (ww)	алдау	[aldaw]
bedrog (het)	алдаушылық	[aldawʃɪlɪq]
oplichter (de)	алаяқ	[alajaq]
omkopen (ww)	сатып алу	[satɪp alw]
omkoperij (de)	параға сатып алу	[paraɣa satɪp alw]
smeergeld (het)	пара	[para]
vergif (het)	у	[w]
vergiftigen (ww)	уландыру	[wlandɪrw]
vergif innemen (ww)	улану	[wlanw]
zelfmoord (de)	өзін-өзі өлтірушілік	[øzɪn ɔzɪ øltɪrwʃɪlɪk]
zelfmoordenaar (de)	өзін-өзі өлтіруші	[øzɪn ɔzɪ øltɪrwʃɪ]
bedreigen (bijv. met een pistool)	қоқақтау	[qɔqaqtaw]
bedreiging (de)	қауіп	[qawɪp]
een aanslag plegen	қастандық жасау	[qastandɪq ʒasaw]
aanslag (de)	қастандық	[qastandɪq]
stelen (een auto)	айдап әкету	[ajdap æketw]
kapen (een vliegtuig)	айдап әкету	[ajdap æketw]
wraak (de)	кек	[kek]
wreken (ww)	кек алу	[kek alw]
martelen (gevangenen)	азаптату	[azaptatw]
foltering (de)	азап	[azap]
folteren (ww)	азаптау	[azaptaw]
piraat (de)	пират	[pɪrat]
straatschender (de)	бейбастақ	[bejbastaq]
gewapend (bn)	жарақты	[ʒaraqtɪ]
geweld (het)	зорлық	[zɔrlɪq]
spionage (de)	тыңшылық	[tɪŋʃɪlɪq]
spioneren (ww)	тыңшы болу	[tɪŋʃɪ bɔlw]

162. Politie. Wet. Deel 1

gerecht (het)	әділеттілік	[ædılettılık]
gerechtshof (het)	сот	[sɔt]
rechter (de)	төреші	[tøreʃı]
jury (de)	сот мүшелері	[sɔt myʃælerı]
juryrechtspraak (de)	ант берушілер соты	[ant berwʃıler sɔtı]
berechten (ww)	соттау	[sɔttaw]
advocaat (de)	қорғаушы	[qɔrɣawʃı]
beklaagde (de)	айыпкер	[ajıpker]
beklaagdenbank (de)	айыпкерлер отырғышы	[ajıpkerler ɔtırɣıʃı]
beschuldiging (de)	айып	[ajıp]
beschuldigde (de)	айыпкер	[ajıpker]
vonnis (het)	үкім	[jukım]
veroordelen (in een rechtszaak)	үкім шығару	[jukım ʃıɣarw]
schuldige (de)	айыпкер	[ajıpker]
straffen (ww)	жазалау	[ʒazalaw]
bestraffing (de)	жаза	[ʒaza]
boete (de)	айыппұл	[ajıppʊl]
levenslange opsluiting (de)	өмірлік қамау	[ømırlık qamaw]
doodstraf (de)	өлім жазасы	[ølım ʒazası]
elektrische stoel (de)	электр орындығы	[ɛlektr ɔrındıɣı]
schavot (het)	дар	[dar]
executeren (ww)	өлтіру	[øltırw]
executie (de)	өлім жазасы	[ølım ʒazası]
gevangenis (de)	абақты	[abaqtı]
cel (de)	камера	[kamera]
konvooi (het)	айдаул	[ajdawl]
gevangenisbewaker (de)	қараушы	[qarawʃı]
gedetineerde (de)	қамалған	[qamalɣan]
handboeien (mv.)	қолкісен	[qɔlkisen]
handboeien omdoen	қол кісендерді тағу	[qɔl kısenderdı taɣw]
ontsnapping (de)	қашу	[qaʃw]
ontsnappen (ww)	қашу	[qaʃw]
verdwijnen (ww)	жоғалу	[ʒɔɣalw]
vrijlaten (uit de gevangenis)	босату	[bɔsatw]
amnestie (de)	амнистия	[amnıstıja]
politie (de)	полиция	[pɔlıtsıja]
politieagent (de)	полицейлік	[pɔlıtsejlık]
politiebureau (het)	полиция қосыны	[pɔlıtsıja qɔsını]
knuppel (de)	резеңке таяқ	[rezeŋke tajaq]
megafoon (de)	рупор	[rwpɔr]

patrouilleerwagen (de)	патрулдік машина	[patrwldık maʃına]
sirene (de)	сирена	[sırena]
de sirene aansteken	сиренаны қосу	[sırenanı qɔsw]
geloei (het) van de sirene	сарнау	[sarnaw]

plaats delict (de)	оқиға орыны	[ɔqıɣa ɔrını]
getuige (de)	куәгер	[kwæger]
vrijheid (de)	бостандық	[bɔstandıq]
handlanger (de)	сыбайлас	[sıbajlas]
ontvluchten (ww)	жасырыну	[ʒasırınw]
spoor (het)	із	[ız]

163. Politie. Wet. Deel 2

opsporing (de)	іздестіру	[ızdestırw]
opsporen (ww)	іздеу	[ızdew]
verdenking (de)	күдік	[kydık]
verdacht (bn)	күдікті	[kydıktı]
aanhouden (stoppen)	тоқтату	[tɔqtatw]
tegenhouden (ww)	ұстау	[ustaw]

strafzaak (de)	іс	[ıs]
onderzoek (het)	тергеу	[tergew]
detective (de)	детектив	[detektıv]
onderzoeksrechter (de)	тергеуші	[tergewʃı]
versie (de)	версия	[wersıja]

motief (het)	себеп	[sebep]
verhoor (het)	жауап алу	[ʒawap alw]
ondervragen (door de politie)	жауап алу	[ʒawap alw]
ondervragen (omstanders ~)	сұрау	[suraw]
controle (de)	тексеру	[tekserw]

razzia (de)	қамап алу	[qamap alw]
huiszoeking (de)	тінту	[tıntw]
achtervolging (de)	қуғын	[qwɣın]
achtervolgen (ww)	қуғындау	[qwɣındaw]
opsporen (ww)	торуылдау	[tɔrwıldaw]

arrest (het)	тұтқынға алу	[tutqınɣa alw]
arresteren (ww)	тұтқындау	[tutqındaw]
vangen, aanhouden (een dief, enz.)	ұстап алу	[ustap alw]

document (het)	құжат	[quʒat]
bewijs (het)	дәлел	[dæleʎ]
bewijzen (ww)	дәлелдеу	[dæleldew]
voetspoor (het)	із	[ız]
vingerafdrukken (mv.)	саусақтардың таңбалары	[sawsaqtardıŋ taŋbaları]
bewijs (het)	дәлел	[dæleʎ]

alibi (het)	алиби	[alıbı]
onschuldig (bn)	айыпсыз	[ajıpsız]
onrecht (het)	әділетсіздік	[ædıletsızdık]

onrechtvaardig (bn)	әділетсіз	[ædıletsız]
crimineel (bn)	қылмыстық	[qılmıstıq]
confisqueren (in beslag nemen)	тәркілеу	[tærkılew]
drug (de)	есірткі	[esırtkı]
wapen (het)	қару	[qarw]
ontwapenen (ww)	қарусыздандыру	[qarwsızdandırw]
bevelen (ww)	бұйыру	[bʊjırw]
verdwijnen (ww)	жоғалу	[ʒɔɣalw]
wet (de)	заң	[zaŋ]
wettelijk (bn)	заңды	[zaŋdı]
onwettelijk (bn)	заңсыз	[zaŋsız]
verantwoordelijkheid (de)	жауапкершілік	[ʒawapkerʃılık]
verantwoordelijk (bn)	жауапты	[ʒawaptı]

NATUUR

De Aarde. Deel 1

164. De kosmische ruimte

kosmos (de)	ғарыш	[ɣarɯʃ]
kosmisch (bn)	ғарыштық	[ɣarɯʃtɯq]
kosmische ruimte (de)	ғарыш кеңістігі	[ɣarɯʃ keŋɪstɯgɯ]
wereld (de), heelal (het)	әлем	[ælem]
sterrenstelsel (het)	галактика	[galaktɪka]
ster (de)	жұлдыз	[ʒʊldɯz]
sterrenbeeld (het)	шоқжұлдыз	[ʃɔqʒʊldɯz]
planeet (de)	планета	[planeta]
satelliet (de)	серік	[serɪk]
meteoriet (de)	метеорит	[meteɔrɪt]
komeet (de)	комета	[kɔmeta]
asteroïde (de)	астероид	[asterɔɪd]
baan (de)	орбита	[ɔrbɪta]
draaien (om de zon, enz.)	айналу	[ajnalw]
atmosfeer (de)	атмосфера	[atmɔsfera]
Zon (de)	күн	[kyn]
zonnestelsel (het)	күн жүйесі	[kyn ʒyjesɪ]
zonsverduistering (de)	күн тұтылу	[kyn tʊtɯlw]
Aarde (de)	Жер	[ʒer]
Maan (de)	Ай	[aj]
Mars (de)	Марс	[mars]
Venus (de)	Венера	[wenera]
Jupiter (de)	Юпитер	[jupɪter]
Saturnus (de)	Сатурн	[satwrn]
Mercurius (de)	Меркурий	[merkwrɪj]
Uranus (de)	Уран	[wran]
Neptunus (de)	Нептун	[neptwn]
Pluto (de)	Плутон	[plwtɔn]
Melkweg (de)	Құс жолы	[qʊs ʒɔlɯ]
Grote Beer (de)	Жетіқарақшы	[ʒetɪqaraqʃɯ]
Poolster (de)	Темірқазық	[temɪrqazɯq]
marsmannetje (het)	марстық	[marstɯq]
buitenaards wezen (het)	басқа планеталық	[basqa planetalɯq]

bovenaards (het)	келімсек	[kelımsek]
vliegende schotel (de)	ұшатын тәрелке	[uʃatın tærelke]
ruimtevaartuig (het)	ғарыш кемесі	[ɣarıʃ kemesı]
ruimtestation (het)	орбиталық станция	[ɔrbıtalıq stantsıja]
start (de)	старт	[start]

motor (de)	двигатель	[dwıgateʎ]
straalpijp (de)	қақпақ	[qaqpaq]
brandstof (de)	жанармай	[ʒanarmaj]

cabine (de)	кабина	[kabına]
antenne (de)	антенна	[anteŋa]
patrijspoort (de)	иллюминатор	[ıllymınatɔr]
zonnebatterij (de)	күн батареясы	[kyn batarejası]
ruimtepak (het)	скафандр	[skafandr]

| gewichtloosheid (de) | салмақсыздық | [salmaqsızdıq] |
| zuurstof (de) | оттегі | [ɔttegı] |

| koppeling (de) | түйісу | [tyjısw] |
| koppeling maken | түйісу жасау | [tyjısw ʒasaw] |

| observatorium (het) | обсерватория | [ɔbservatɔrıja] |
| telescoop (de) | телескоп | [teleskɔp] |

| waarnemen (ww) | бақылау | [baqılaw] |
| exploreren (ww) | зерттеу | [zerttew] |

165. De Aarde

Aarde (de)	Жер	[ʒer]
aardbol (de)	жер шары	[ʒer ʃarı]
planeet (de)	ғаламшар	[ɣalamʃar]

atmosfeer (de)	атмосфера	[atmɔsfera]
aardrijkskunde (de)	география	[geɔgrafıja]
natuur (de)	табиғат	[tabıɣat]

wereldbol (de)	глобус	[glɔbws]
kaart (de)	карта	[karta]
atlas (de)	атлас	[atlas]

| Europa (het) | Еуропа | [ewrɔpa] |
| Azië (het) | Азия | [azıja] |

| Afrika (het) | Африка | [afrıka] |
| Australië (het) | Австралия | [awstralıja] |

Amerika (het)	Америка	[amerıka]
Noord-Amerika (het)	Солтүстік Америка	[sɔltystık amerıka]
Zuid-Amerika (het)	Оңтүстік Америка	[ɔŋtystık amerıka]

| Antarctica (het) | Антарктида | [antarktıda] |
| Arctis (de) | Арктика | [arktıka] |

166. Windrichtingen

noorden (het)	солтүстік	[sɔltystık]
naar het noorden	солтүстікке	[sɔltystıkke]
in het noorden	солтүстікте	[sɔltystıkte]
noordelijk (bn)	солтүстік	[sɔltystık]

zuiden (het)	оңтүстік	[ɔŋtystık]
naar het zuiden	оңтүстікке	[ɔŋtystıkke]
in het zuiden	оңтүстікте	[ɔŋtystıkte]
zuidelijk (bn)	оңтүстік	[ɔŋtystık]

westen (het)	батыс	[batıs]
naar het westen	батысқа	[batısqa]
in het westen	батыста	[batısta]
westelijk (bn)	батыс	[batıs]

oosten (het)	шығыс	[ʃıɣıs]
naar het oosten	шығысқа	[ʃıɣısqa]
in het oosten	шығыста	[ʃıɣısta]
oostelijk (bn)	шығыс	[ʃıɣıs]

167. Zee. Oceaan

zee (de)	теңіз	[teŋız]
oceaan (de)	мұхит	[mʊhıt]
golf (baai)	шығанақ	[ʃıɣanaq]
straat (de)	бұғаз	[bʊɣaz]

grond (vaste grond)	жер	[ʒer]
continent (het)	материк	[materık]
eiland (het)	арал	[aral]
schiereiland (het)	түбек	[tybek]
archipel (de)	архипелаг	[arhıpelag]

baai, bocht (de)	айлақ	[ajlaq]
haven (de)	гавань	[gavaɲ]
lagune (de)	лагуна	[lagwna]
kaap (de)	мүйіс	[myjıs]

atol (de)	атолл	[atɔll]
rif (het)	риф	[rıf]
koraal (het)	маржан	[marʒan]
koraalrif (het)	маржан риф	[marʒan rıf]

diep (bn)	терең	[tereŋ]
diepte (de)	тереңдік	[tereŋdık]
diepzee (de)	түпсіз	[typsız]
trog (bijv. Marianentrog)	шұқыр	[ʃʊqır]

stroming (de)	ағын	[aɣın]
omspoelen (ww)	ұласу	[ʊlasw]
oever (de)	жаға	[ʒaɣa]

kust (de)	жағалау	[ʒaɣalaw]
vloed (de)	судың келуі	[swdıŋ kelwı]
eb (de)	судың қайтуы	[swdıŋ qajtwı]
ondiepte (ondiep water)	барқын	[barqın]
bodem (de)	түп	[typ]

golf (hoge ~)	толқын	[tolqın]
golfkam (de)	толқынның жотасы	[tolqıŋıŋ ʒotası]
schuim (het)	көбік	[købık]

storm (de)	дауыл	[dawıl]
tsunami (de)	цунами	[tswnamı]
windstilte (de)	тымық	[tımıq]
kalm (bijv. ~e zee)	тынық	[tınıq]

| pool (de) | полюс | [polys] |
| polair (bn) | поляр | [poʎar] |

breedtegraad (de)	ендік	[endık]
lengtegraad (de)	бойлық	[bojlıq]
parallel (de)	параллель	[paralleʎ]
evenaar (de)	экватор	[ɛkvator]

hemel (de)	аспан	[aspan]
horizon (de)	көкжиек	[køkʒıek]
lucht (de)	ауа	[awa]

vuurtoren (de)	шамшырақ	[ʃamʃıraq]
duiken (ww)	сүңгу	[syŋgw]
zinken (ov. een boot)	батып кету	[batıp ketw]
schatten (mv.)	қазына	[qazına]

168. Bergen

berg (de)	тау	[taw]
bergketen (de)	тау тізбектері	[taw tızbekterı]
gebergte (het)	тау қырқасы	[taw qırqası]

bergtop (de)	шың	[ʃıŋ]
bergpiek (de)	шың	[ʃıŋ]
voet (ov. de berg)	етек	[etek]
helling (de)	бөктер	[bøkter]

vulkaan (de)	жанартау	[ʒanartaw]
actieve vulkaan (de)	сөнбеген жанартау	[sønbegen ʒanartaw]
uitgedoofde vulkaan (de)	сөнген жанартау	[søŋen ʒanartaw]

uitbarsting (de)	ақтарылу	[aqtarılw]
krater (de)	кратер	[krater]
magma (het)	магма	[magma]
lava (de)	лава	[lava]
gloeiend (~e lava)	қызған	[qızɣan]
kloof (canyon)	каньон	[kaɲʲon]
bergkloof (de)	басат	[basat]

spleet (de)	жарық	[ʒarıq]
bergpas (de)	асу	[asw]
plateau (het)	үстірт	[justırt]
klip (de)	жартас	[ʒartas]
heuvel (de)	белес	[beles]

gletsjer (de)	мұздық	[muzdıq]
waterval (de)	сарқырама	[sarqırama]
geiser (de)	гейзер	[gejzer]
meer (het)	көл	[køʎ]

vlakte (de)	жазық	[ʒazıq]
landschap (het)	пейзаж	[pejzaʒ]
echo (de)	жаңғырық	[ʒaŋɣırıq]

alpinist (de)	альпинист	[aʎpınıst]
bergbeklimmer (de)	жартасқа өрмелеуші	[ʒartasqa ørmelewʃı]
trotseren (berg ~)	бағындыру	[baɣındırw]
beklimming (de)	шыңына шығу	[ʃıŋına ʃıɣw]

169. Rivieren

rivier (de)	өзен	[øzen]
bron (~ van een rivier)	бұлақ	[bulaq]
rivierbedding (de)	арна	[arna]
riverbekken (het)	бассейн	[bassejn]
uitmonden in …	ағып құйылу	[aɣıp qujılw]

| zijrivier (de) | тармақ | [tarmaq] |
| oever (de) | жаға | [ʒaɣa] |

stroming (de)	ағын	[aɣın]
stroomafwaarts (bw)	ағыстың ыңғайымен	[aɣıstıŋ ıŋɣajımen]
stroomopwaarts (bw)	өрге қарай	[ørge qaraj]

overstroming (de)	тасқын	[tasqın]
overstroming (de)	аспа	[aspa]
buiten zijn oevers treden	су тасу	[sw tasw]
overstromen (ww)	су басу	[sw basw]

| zandbank (de) | қайыр | [qajır] |
| stroomversnelling (de) | табалдырық | [tabaldırıq] |

dam (de)	тоған	[toɣan]
kanaal (het)	канал	[kanal]
spaarbekken (het)	су қоймасы	[sw qojması]
sluis (de)	шлюз	[ʃlyz]

waterlichaam (het)	суайдын	[swajdın]
moeras (het)	батпақ	[batpaq]
broek (het)	тартпа	[tartpa]
draaikolk (de)	иірім	[ıːrım]
stroom (de)	жылға	[ʒılɣa]
drink- (abn)	ішетін	[ıʃætın]

zoet (~ water)	тұзсыз	[tʊzsɪz]
IJs (het)	мұз	[mʊz]
bevriezen (rivier, enz.)	мұз боп қату	[mʊz bɔp qɑtw]

170. Bos

| bos (het) | орман | [ɔrman] |
| bos- (abn) | орман | [ɔrman] |

oerwoud (dicht bos)	бытқыл	[bɪtqɪl]
bosje (klein bos)	тоғай	[tɔɣaj]
open plek (de)	алаңқай	[alaŋqaj]

| struikgewas (het) | ну өсімдік | [nw øsɪmdɪk] |
| struiken (mv.) | бұта | [bʊta] |

| paadje (het) | соқпақ | [sɔqpaq] |
| ravijn (het) | жыра | [ʒɪra] |

boom (de)	ағаш	[aɣ'aʃ]
blad (het)	жапырақ	[ʒapɪraq]
gebladerte (het)	жапырақ	[ʒapɪraq]

vallende bladeren (mv.)	жапырақтың құрап түсуі	[ʒapɪraqtɪŋ qwrap tyswɪ]
vallen (ov. de bladeren)	қазылу	[qazɪlw]
boomtop (de)	ағаштың жоғарғы ұшы	[aɣaʃtɪŋ ʒɔɣarɣɪ ʊʃɪ]

tak (de)	бұтақ	[bʊtaq]
ent (de)	бұтақ	[bʊtaq]
knop (de)	бүршік	[byrʃɪk]
naald (de)	ине	[ɪne]
dennenappel (de)	бүршік	[byrʃɪk]

boom holte (de)	қуыс	[qwɪs]
nest (het)	ұя	[ʊja]
hol (het)	ін	[ɪn]

stam (de)	дің	[dɪŋ]
wortel (bijv. boom~s)	тамыр	[tamɪr]
schors (de)	қабық	[qabɪq]
mos (het)	мүк	[myk]

ontwortelen (een boom)	қопару	[qɔparw]
kappen (een boom ~)	шабу	[ʃabw]
ontbossen (ww)	шабу	[ʃabw]
stronk (de)	томар	[tɔmar]

kampvuur (het)	алау	[alaw]
bosbrand (de)	өрт	[ørt]
blussen (ww)	өшіру	[øʃɪrw]
boswachter (de)	орманшы	[ɔrmanʃɪ]
bescherming (de)	күзет	[kyzet]
beschermen (bijv. de natuur ~)	күзету	[kyzetw]

| stroper (de) | браконьер | [brakɔɲjer] |
| val (de) | қақпан | [qaqpan] |

| plukken (vruchten, enz.) | жинау | [ʒɪnaw] |
| verdwalen (de weg kwijt zijn) | адасып кету | [adasɪp ketw] |

171. Natuurlijke hulpbronnen

natuurlijke rijkdommen (mv.)	табиғи қорлар	[tabɪɣɪ qorlar]
delfstoffen (mv.)	пайдалы қазбалар	[pajdalɪ qazbalar]
lagen (mv.)	кен	[ken]
veld (bijv. olie~)	кен орны	[ken ɔrnɪ]

winnen (uit erts ~)	кен шығару	[ken ʃɪɣarw]
winning (de)	шығару	[ʃɪɣarw]
erts (het)	кен	[ken]
mijn (bijv. kolenmijn)	кеніш	[kenɪʃ]
mijnschacht (de)	шахта	[ʃahta]
mijnwerker (de)	көмірші	[kømɪrʃɪ]

| gas (het) | газ | [gaz] |
| gasleiding (de) | газ құбыры | [gaz qʊbɪrɪ] |

olie (aardolie)	мұнай	[mʊnaj]
olieleiding (de)	мұнай құбыры	[mʊnaj qʊbɪrɪ]
oliebron (de)	мұнай мұнарасы	[mʊnaj mʊnarasɪ]
boortoren (de)	бұрғылау мұнарасы	[bʊrɣɪlaw mʊnarasɪ]
tanker (de)	танкер	[taŋker]

zand (het)	құм	[qʊm]
kalksteen (de)	әк тас	[æk tas]
grind (het)	қиыршақ тас	[qɪːrʃaq tas]
veen (het)	торф	[tɔrf]
klei (de)	балшық	[balʃɪq]
steenkool (de)	көмір	[kømɪr]

IJzer (het)	темір	[temɪr]
goud (het)	алтын	[altɪn]
zilver (het)	күміс	[kymɪs]
nikkel (het)	никель	[nɪkeʎ]
koper (het)	мыс	[mɪs]

zink (het)	мырыш	[mɪrɪʃ]
mangaan (het)	марганец	[marganets]
kwik (het)	сынап	[sɪnap]
lood (het)	қорғасын	[qɔrɣasɪn]

mineraal (het)	минерал	[mɪneral]
kristal (het)	кристалл	[krɪstall]
marmer (het)	мәрмәр	[mæ:rmar]
uraan (het)	уран	[wran]

De Aarde. Deel 2

172. Weer

weer (het)	ауа райы	[awa rajı]
weersvoorspelling (de)	ауа райы болжамы	[awa rajı boʒamı]
temperatuur (de)	температура	[temperatwra]
thermometer (de)	термометр	[termɔmetr]
barometer (de)	барометр	[barɔmetr]
vochtigheid (de)	ылғалдық	[ılɣaldıq]
hitte (de)	ыстық	[ıstıq]
heet (bn)	ыстық	[ıstıq]
het is heet	ыстық	[ıstıq]
het is warm	жылы	[ʒılı]
warm (bn)	жылы	[ʒılı]
het is koud	суық	[swıq]
koud (bn)	суық	[swıq]
zon (de)	күн	[kyn]
schijnen (de zon)	жарық түсіру	[ʒarıq tysırw]
zonnig (~e dag)	күн	[kyn]
opgaan (ov. de zon)	көтерілу	[køterılʊ]
ondergaan (ww)	отыру	[otırw]
wolk (de)	бұлт	[bʊlt]
bewolkt (bn)	бұлтты	[bʊlttı]
regenwolk (de)	қара бұлт	[qara bʊlt]
somber (bn)	бұлыңғыр	[bʊlıŋɣır]
regen (de)	жаңбыр	[ʒaŋbır]
het regent	жаңбыр жауып тұр	[ʒaŋbır ʒawıp tʊr]
regenachtig (bn)	жауын-шашынды	[ʒawın ʃaʃındı]
motregenen (ww)	сіркіреу	[sırkırew]
plensbui (de)	қара жаңбыр	[qara ʒaŋbır]
stortbui (de)	нөсер	[nøser]
hard (bn)	екпінді	[ekpındı]
plas (de)	шалшық	[ʃalʃıq]
nat worden (ww)	су өту	[sw øtw]
mist (de)	тұман	[tʊman]
mistig (bn)	тұманды	[tʊmandı]
sneeuw (de)	қар	[qar]
het sneeuwt	қар жауып тұр	[qar ʒawıp tʊr]

173. Zwaar weer. Natuurrampen

noodweer (storm)	найзағай	[najzaɣaj]
bliksem (de)	найзағай	[najzaɣaj]
flitsen (ww)	жарқырау	[ʒarqɪraw]
donder (de)	күн күркіреу	[kyn kyrkɪrew]
donderen (ww)	дүрілдеу	[dyrɪldew]
het dondert	күн күркірейді	[kyn kyrkɪrejdɪ]
hagel (de)	бұршақ	[burʃaq]
het hagelt	бұршақ жауып тұр	[burʃaq ʒawɪp tur]
overstromen (ww)	су басу	[sw basw]
overstroming (de)	сел жүру	[sel ʒyrw]
aardbeving (de)	жер сілкіну	[ʒer sɪlkɪnw]
aardschok (de)	түрткі	[tyrtkɪ]
epicentrum (het)	эпицентр	[ɛpɪtsentr]
uitbarsting (de)	атылуы	[atɪlwɪ]
lava (de)	лава	[lava]
wervelwind (de)	құйын	[qujɪn]
windhoos (de)	торнадо	[tornadɔ]
tyfoon (de)	тайфун	[tajfwn]
orkaan (de)	дауыл	[dawɪl]
storm (de)	дауыл	[dawɪl]
tsunami (de)	цунами	[tswnamɪ]
cycloon (de)	циклон	[tsɪklɔn]
onweer (het)	бұлыңғыр	[bulɪŋɣɪr]
brand (de)	өрт	[ørt]
ramp (de)	апат	[apat]
meteoriet (de)	метеорит	[meteɔrɪt]
lawine (de)	көшкін	[køʃkin]
sneeuwverschuiving (de)	опырылу	[ɔpɪrɪlw]
sneeuwjacht (de)	боран	[bɔran]
sneeuwstorm (de)	боран	[bɔran]

Fauna

174. Zoogdieren. Roofdieren

roofdier (het)	жыртқыш	[ʒɪrtqɪʃ]
tijger (de)	жолбарыс	[ʒɔlbarıs]
leeuw (de)	арыстан	[arıstan]
wolf (de)	қасқыр	[qaskır]
vos (de)	түлкі	[tylkı]
jaguar (de)	ягуар	[jagwar]
luipaard (de)	леопард	[leɔpard]
jachtluipaard (de)	гепард	[gepard]
panter (de)	бабыр	[babır]
poema (de)	пума	[pwma]
sneeuwluipaard (de)	ілбіс	[ılbıs]
lynx (de)	сілеусін	[sılewsın]
coyote (de)	койот	[kɔjot]
jakhals (de)	шиебөрі	[ʃiebørı]
hyena (de)	гиена	[giena]

175. Wilde dieren

dier (het)	айуан	[ajwan]
beest (het)	аң	[aŋ]
eekhoorn (de)	тиін	[tıːn]
egel (de)	кірпі	[kırpı]
haas (de)	қоян	[qɔjan]
konijn (het)	үй қояны	[juj qɔjanı]
das (de)	борсық	[bɔrsıq]
wasbeer (de)	жанат	[ʒanat]
hamster (de)	алақоржын	[alaqɔrʒın]
marmot (de)	суыр	[swır]
mol (de)	көртышқан	[kørtıʃqan]
muis (de)	қаптесер	[qapteser]
rat (de)	егеуқұйрық	[egewqujrıq]
vleermuis (de)	жарғанат	[ʒarɣanat]
hermelijn (de)	аққіс	[aqıs]
sabeldier (het)	бұлғын	[bulɣın]
marter (de)	кәмшат	[kæmʃat]
wezel (de)	аққалақ	[aqalaq]
nerts (de)	норка	[nɔrka]

bever (de)	құндыз	[qʊndɯz]
otter (de)	қамшат	[qamʃat]

paard (het)	ат	[at]
eland (de)	бұлан	[bʊlan]
hert (het)	бұғы	[bʊɣɯ]
kameel (de)	түйе	[tyje]

bizon (de)	бизон	[bɯzɔn]
oeros (de)	зубр	[zwbr]
buffel (de)	буйвол	[bwjvɔl]

zebra (de)	зебра	[zebra]
antilope (de)	антилопа	[antɯlɔpa]
ree (de)	елік	[elɯk]
damhert (het)	кербұғы	[kerbʊɣɯ]
gems (de)	серна	[serna]
everzwijn (het)	қабан	[qaban]

walvis (de)	кит	[kɯt]
rob (de)	итбалық	[ɯtbalɯq]
walrus (de)	морж	[mɔrʒ]
zeehond (de)	теңіз мысық	[teŋɯz mɯsɯq]
dolfijn (de)	дельфин	[deʌfɯn]

beer (de)	аю	[aju]
IJsbeer (de)	ақ аю	[aq aju]
panda (de)	панда	[panda]

aap (de)	маймыл	[majmɯl]
chimpansee (de)	шимпанзе	[ʃimpanze]
orang-oetan (de)	орангутанг	[ɔraŋwtaŋ]
gorilla (de)	горилла	[gɔrɯlla]
makaak (de)	макака	[makaka]
gibbon (de)	гиббон	[gɯbbɔn]

olifant (de)	піл	[pɯl]
neushoorn (de)	мүйізтұмсық	[myjɯztʊmsɯq]
giraffe (de)	керік	[kerɯk]
nijlpaard (het)	бегемот	[begemɔt]

kangoeroe (de)	кенгуру	[keŋwrw]
koala (de)	коала	[kɔala]

mangoest (de)	мангуст	[maŋwst]
chinchilla (de)	шиншилла	[ʃinʃilla]
stinkdier (het)	скунс	[skwns]
stekelvarken (het)	жайра	[ʒajra]

176. Huisdieren

poes (de)	мысық	[mɯsɯq]
kater (de)	мысық	[mɯsɯq]
hond (de)	ит	[ɯt]

paard (het)	ат	[ɑt]
hengst (de)	айғыр	[ajɣɯr]
merrie (de)	бие	[bɪe]

koe (de)	сиыр	[sɪːr]
stier (de)	бұқа	[buqɑ]
os (de)	өгіз	[øgɪz]

schaap (het)	қой	[qɔj]
ram (de)	қошқар	[qɔʃqɑr]
geit (de)	ешкі	[eʃkɪ]
bok (de)	теке	[teke]

| ezel (de) | есек | [esek] |
| muilezel (de) | қашыр | [qɑʃɯr] |

varken (het)	шошқа	[ʃɔʃqɑ]
biggetje (het)	торай	[tɔraj]
konijn (het)	үй қояны	[juj qɔjɑnɯ]

| kip (de) | тауық | [tɑwɯq] |
| haan (de) | әтеш | [æteʃ] |

eend (de)	үйрек	[jujrek]
woerd (de)	кежек	[keʒek]
gans (de)	қаз	[qɑz]

| kalkoen haan (de) | күркетауық | [kyrqetɑwɯq] |
| kalkoen (de) | күркетауық | [kyrqetɑwɯq] |

huisdieren (mv.)	үй жануарлары	[juj ʒɑnwarlarɯ]
tam (bijv. hamster)	қол	[qɔl]
temmen (tam maken)	қолға үйрету	[qɔlɣa jujretw]
fokken (bijv. paarden ~)	өсіру	[øsɪrw]

boerderij (de)	ферма	[fermɑ]
gevogelte (het)	ұй құсы	[uj qusɯ]
rundvee (het)	мал	[mɑl]
kudde (de)	табын	[tɑbɯn]

paardenstal (de)	ат қора	[ɑt qɔrɑ]
zwijnenstal (de)	шошқа қора	[ʃɔʃqɑ qɔrɑ]
koeienstal (de)	сиыр қора	[sɪːr qɔrɑ]
konijnenhok (het)	үй қояны күркесі	[juj qɔjɑnɯ kyrqesɯ]
kippenhok (het)	тауық қора	[tɑwɯq qɔrɑ]

177. Honden. Hondenrassen

hond (de)	ит	[ɪt]
herdershond (de)	овчарка	[ɔvtʃarkɑ]
poedel (de)	пудель	[pwdeʎ]
teckel (de)	такса	[tɑksɑ]
buldog (de)	бульдог	[bwʎdɔg]
boxer (de)	боксшы	[bɔksʃɪ]

mastiff (de)	мастиф	[mɑstıf]
rottweiler (de)	ротвейлер	[rɔtwejler]
doberman (de)	доберман	[dɔbermɑn]

basset (de)	бассет	[bɑsset]
bobtail (de)	бобтейл	[bɔbtejl]
dalmatiër (de)	далматинец	[dɑlmɑtınets]
cockerspaniël (de)	кокер-спаниель	[kɔker spɑnıeʎ]

| newfoundlander (de) | ньюфаундленд | [ɲjyfɑwndlend] |
| sint-bernard (de) | сенбернар | [senbernɑr] |

poolhond (de)	хаски	[hɑskı]
chowchow (de)	чау-чау	[tʃɑw tʃɑw]
spits (de)	шпиц	[ʃpıts]
mopshond (de)	мопс	[mɔps]

178. Dierengeluiden

geblaf (het)	арсылдау	[arsıldɑw]
blaffen (ww)	арсылдау	[arsıldɑw]
miauwen (ww)	мияулау	[mıjawlɑw]
spinnen (katten)	пырылдау	[pırıldɑw]

loeien (ov. een koe)	мөңіреу	[møŋırew]
brullen (stier)	өкіру	[økırw]
grommen (ov. de honden)	ырылдау	[ırıldɑw]

gehuil (het)	ұлу	[ʊlw]
huilen (wolf, enz.)	ұлу	[ʊlw]
janken (ov. een hond)	қыңсылау	[qıŋsılaw]

mekkeren (schapen)	маңырау	[maŋıraw]
knorren (varkens)	қорсылдау	[qɔrsıldɑw]
gillen (bijv. varken)	қыңсылау	[qıŋsılaw]

kwaken (kikvorsen)	бақылдау	[baqıldɑw]
zoemen (hommel, enz.)	ызыңдау	[ızıŋdɑw]
tjirpen (sprinkhanen)	шықылықтау	[ʃıqılıqtɑw]

179. Vogels

vogel (de)	құс	[qʊs]
duif (de)	көгершін	[køgerʃın]
mus (de)	торғай	[tɔrɣaj]
koolmees (de)	сары шымшық	[sarı ʃımʃıq]
ekster (de)	сауысқан	[sawısqan]

raaf (de)	құзғын	[qʊzɣın]
kraai (de)	қарға	[qarɣa]
kauw (de)	шауқарға	[ʃawqarɣa]
roek (de)	ұзақ	[ʊzaq]

eend (de)	үйрек	[jujrek]
gans (de)	қаз	[qaz]
fazant (de)	қырғауыл	[qɪrɣawɪl]

arend (de)	бүркіт	[byrkɪt]
havik (de)	қаршыға	[qarʃɪɣa]
valk (de)	қыран	[qɪran]
gier (de)	күшіген	[kyʃɪgen]
condor (de)	кондор	[kɔndɔr]

zwaan (de)	аққу	[aqw]
kraanvogel (de)	тырна	[tɪrna]
ooievaar (de)	ләйлек	[læjlek]

papegaai (de)	тоты құс	[totɪ qʊs]
kolibrie (de)	колибри	[kɔlibrɪ]
pauw (de)	тауыс	[tawɪs]

struisvogel (de)	түйеқұс	[tyjequs]
reiger (de)	аққұтан	[aqʊtan]
flamingo (de)	қоқиқаз	[qɔqɪqaz]
pelikaan (de)	бірқазан	[bɪrqazan]
nachtegaal (de)	бұлбұл	[bʊlbʊl]
zwaluw (de)	қарлығаш	[qarlɪɣaʃ]

lijster (de)	барылдақ торғай	[barɪldaq tɔrɣaj]
zanglijster (de)	әнші шымшық	[ænʃɪ ʃɪmʃɪq]
merel (de)	қара барылдақ торғай	[qara barɪldaq tɔrɣaj]

gierzwaluw (de)	стриж	[strɪʒ]
leeuwerik (de)	бозторғай	[bɔztɔrɣaj]
kwartel (de)	бөдене	[bødene]

koekoek (de)	көкек	[køkek]
uil (de)	жапалақ	[ʒapalaq]
oehoe (de)	үкі	[jukɪ]
auerhoen (het)	саңырау құр	[saŋɪraw qʊr]
korhoen (het)	бұлдырық	[bʊldɪrɪq]
patrijs (de)	құр	[qʊr]

spreeuw (de)	қараторғай	[qaratɔrɣaj]
kanarie (de)	шымшық	[ʃɪmʃɪq]
hazelhoen (het)	қарабауыр	[qarabawɪr]
vink (de)	қызыл	[qɪzɪl]
goudvink (de)	бозшымшық	[bɔzʃɪmʃɪq]

meeuw (de)	шағала	[ʃaɣala]
albatros (de)	альбатрос	[aʎbatrɔs]
pinguïn (de)	пингвин	[pɪŋwɪn]

180. Vogels. Zingen en geluiden

| fluiten, zingen (ww) | сайрау | [sajraw] |
| schreeuwen (dieren, vogels) | айғайлау | [ajɣajlaw] |

| kraaien (ov. een haan) | шақыру | [ʃaqırw] |
| kukeleku | кукареку | [kwkarekw] |

klokken (hen)	қытқылдау	[qıtqıldaw]
krassen (kraai)	қарқылдау	[qarqıldaw]
kwaken (eend)	барылдап қою	[barıldap qɔju]
piepen (kuiken)	шырылдау	[ʃırıldaw]
tjilpen (bijv. een mus)	шиқылдау	[ʃıqıldaw]

181. Vis. Zeedieren

brasem (de)	ақтабан	[aqtaban]
karper (de)	тұқы	[tʊqı]
baars (de)	алабұға	[alabʊɣa]
meerval (de)	жайын	[ʒajın]
snoek (de)	шортан	[ʃɔrtan]

| zalm (de) | лосось | [lɔsɔsʲ] |
| steur (de) | бекіре | [bekıre] |

haring (de)	майшабақ	[majʃabaq]
atlantische zalm (de)	ақсерке	[aqserqe]
makreel (de)	скумбрия	[skwmbrıja]
platvis (de)	камбала	[kambala]

| snoekbaars (de) | Көксерке | [køkserke] |
| kabeljauw (de) | треска | [treska] |

| tonijn (de) | тунец | [twnets] |
| forel (de) | бахтах | [bahtah] |

| paling (de) | жыланбалық | [ʒılanbalıq] |
| sidderrog (de) | электр құламасы | [ɛlektr qʊlaması] |

| murene (de) | мурена | [mwrena] |
| piranha (de) | пиранья | [pıraɲja] |

haai (de)	акула	[akwla]
dolfijn (de)	дельфин	[deʎfın]
walvis (de)	кит	[kıt]

krab (de)	теңіз шаяны	[teŋız ʃajanı]
kwal (de)	медуза	[medwza]
octopus (de)	сегізаяқ	[segızajaq]

zeester (de)	теңіз жұлдызы	[teŋız ʒʊldızı]
zee-egel (de)	теңіз кірпісі	[teŋız kırpısı]
zeepaardje (het)	теңіздегі мысықтың баласы	[teŋgızdegı mısıqtıŋ balası]

oester (de)	устрица	[wstrıtsa]
garnaal (de)	асшаян	[asʃajan]
kreeft (de)	омар	[ɔmar]
langoest (de)	лангуст	[laŋwst]

182. Amfibieën. Reptielen

slang (de)	жылан	[ʒɪlɑn]
giftig (slang)	улы	[wlɪ]
adder (de)	улы сұр жылан	[wlɪ sʊr ʒɪlɑn]
cobra (de)	әбжылан	[æbʒɪlɑn]
python (de)	питон	[pɪtɔn]
boa (de)	айдаһар	[ɑjdɑhɑr]
ringslang (de)	сужылан	[swʒɪlɑn]
ratelslang (de)	ысылдағыш улы жылан	[ɪsɪldɑɣɪʃ wlɪ ʒɪlɑn]
anaconda (de)	анаконда	[ɑnɑkɔndɑ]
hagedis (de)	кесіртке	[kesɪrtke]
leguaan (de)	игуана	[ɪgwɑnɑ]
varaan (de)	келес	[keles]
salamander (de)	саламандра	[sɑlɑmɑndrɑ]
kameleon (de)	хамелеон	[hɑmeleɔn]
schorpioen (de)	құршаян	[qʊrʃɑjɑn]
schildpad (de)	тасбақа	[tɑsbɑqɑ]
kikker (de)	бақа	[bɑqɑ]
pad (de)	құрбақа	[qʊrbɑqɑ]
krokodil (de)	қолтырауын	[qɔltɪrɑwɪn]

183. Insecten

insect (het)	бунақдене	[bwnɑqdene]
vlinder (de)	көбелек	[købelek]
mier (de)	құмырсқа	[qʊmɪrsqɑ]
vlieg (de)	шыбын	[ʃɪbɪn]
mug (de)	маса	[mɑsɑ]
kever (de)	қоңыз	[qɔŋɪz]
wesp (de)	ара	[ɑrɑ]
bij (de)	балара	[bɑlɑrɑ]
hommel (de)	ара	[ɑrɑ]
horzel (de)	бөгелек	[bøgelek]
spin (de)	өрмекші	[ørmekʃɪ]
spinnenweb (het)	өрмекшінің торы	[ørmekʃɪnɪŋ tɔrɪ]
libel (de)	инелік	[ɪnelɪk]
sprinkhaan (de)	шегіртке	[ʃægɪrtke]
nachtvlinder (de)	көбелек	[købelek]
kakkerlak (de)	тарақан	[tɑrɑqɑn]
mijt (de)	кене	[kene]
vlo (de)	бүрге	[byrge]
kriebelmug (de)	шіркей	[ʃɪrkej]
treksprinkhaan (de)	шегіртке	[ʃægɪrtke]
slak (de)	ұлу	[ʊlw]

krekel (de)	шырылдауық	[ʃırıldawıq]
glimworm (de)	жылтырауық	[ʒıltırawıq]
lieveheersbeestje (het)	қызыл қоңыз	[qızıl qoŋız]
meikever (de)	зауза қоңыз	[zawza qoŋız]
bloedzuiger (de)	сүлік	[sylık]
rups (de)	қырықбуын	[qırıqbwın]
aardworm (de)	құрт	[qʊrt]
larve (de)	құрт	[qʊrt]

184. Dieren. Lichaamsdelen

snavel (de)	тұмсық	[tʊmsıq]
vleugels (mv.)	қанаттар	[qanattar]
poot (ov. een vogel)	табан	[taban]
verenkleed (het)	қауырсын	[qawırsın]
veer (de)	қауырсын	[qawırsın]
kuifje (het)	айдар	[ajdar]
kieuwen (mv.)	желбезек	[ʒelbezek]
kuit, dril (de)	балтыр	[baltır]
larve (de)	балаңқұрт	[balaŋqʊrt]
vin (de)	жүзбеқанат	[ʒyzbeqanat]
schubben (mv.)	қабыршақ	[qabırʃaq]
slagtand (de)	азу тіс	[azw tıs]
poot (bijv. ~ van een kat)	табан	[taban]
muil (de)	тұмсық	[tʊmsıq]
bek (mond van dieren)	аран	[aran]
staart (de)	құйрық	[qʊjrıq]
snorharen (mv.)	мұрт	[mʊrt]
hoef (de)	тұяқ	[tʊjaq]
hoorn (de)	мүйіз	[myjız]
schild (schildpad, enz.)	бақалшақ	[baqalʃaq]
schelp (de)	қабыршақ	[qabırʃaq]
eierschaal (de)	қабық	[qabıq]
vacht (de)	жүн	[ʒyn]
huid (de)	тері	[terı]

185. Dieren. Leefomgevingen

leefgebied (het)	мекендеу ортасы	[mekendew ortası]
migratie (de)	миграция	[mıgratsıja]
berg (de)	тау	[taw]
rif (het)	риф	[rıf]
klip (de)	жартас	[ʒartas]
bos (het)	орман	[orman]
jungle (de)	қапырық жерлер	[qapırıq ʒerler]

| savanne (de) | саванна | [savaŋa] |
| toendra (de) | тундра | [twndra] |

steppe (de)	дала	[dala]
woestijn (de)	шөл	[ʃøʎ]
oase (de)	көгал	[køgal]

zee (de)	теңіз	[teŋɪz]
meer (het)	көл	[køʎ]
oceaan (de)	мұхит	[mʊhɪt]

moeras (het)	батпақ	[batpaq]
zoetwater- (abn)	тұщы сулы	[tʊçɪ swlɪ]
vijver (de)	тоған	[toɣan]
rivier (de)	өзен	[øzen]

berenhol (het)	апан	[apan]
nest (het)	ұя	[ʊja]
boom holte (de)	қуыс	[qwɪs]
hol (het)	ін	[ɪn]
mierenhoop (de)	құмырсқа илеуі	[qʊmɪrsqa ɪlewɪ]

Flora

186. Bomen

boom (de)	ағаш	[aɣ'aʃ]
loof- (abn)	жапырақты	[ʒapıraqtı]
dennen- (abn)	қылқанды	[qılqandı]
groenblijvend (bn)	мәңгі жасыл	[mæŋgı ʒasıl]
appelboom (de)	алма ағашы	[alma aɣaʃı]
perenboom (de)	алмұрт	[almʊrt]
zoete kers (de)	қызыл шие ағашы	[qızıl ʃıe aɣaʃı]
zure kers (de)	кәдімгі шие ағашы	[kadımgı ʃıe aɣaʃı]
pruimelaar (de)	қара өрік	[qara ørık]
berk (de)	қайың	[qajıŋ]
eik (de)	емен	[emen]
linde (de)	жөке	[ʒøke]
esp (de)	көктерек	[kɔkterek]
esdoorn (de)	үйеңкі	[jujeŋkı]
spar (de)	шырша	[ʃırʃa]
den (de)	қарағай	[qaraɣaj]
lariks (de)	бал қарағай	[bal qaraɣaj]
zilverspar (de)	самырсын	[samırsın]
ceder (de)	балқарағай	[balqaraɣaj]
populier (de)	терек	[terek]
lijsterbes (de)	шетен	[ʃæten]
wilg (de)	үйеңкі	[jujeŋkı]
els (de)	қандағаш	[qandaɣaʃ]
beuk (de)	шамшат	[ʃamʃat]
iep (de)	шегіршін	[ʃægırʃın]
es (de)	шетен	[ʃæten]
kastanje (de)	талшын	[talʃın]
magnolia (de)	магнолия	[magnɔlıja]
palm (de)	пальма	[paʎma]
cipres (de)	сауырағаш	[sawıraɣaʃ]
mangrove (de)	мангр ағашы	[maŋr aɣaʃı]
baobab (apenbroodboom)	баобаб	[baɔbab]
eucalyptus (de)	эвкалипт	[ɛvkalıpt]
mammoetboom (de)	секвойя	[sekvɔja]

187. Heesters

struik (de)	бұта	[bʊta]
heester (de)	бұта	[bʊta]

| wijnstok (de) | жүзім | [ʒyzım] |
| wijngaard (de) | жүзім егісі | [ʒyzım egısı] |

frambozenstruik (de)	таңқурай	[taŋqwraj]
rode bessenstruik (de)	қызыл қарақат	[qızıl qaraqat]
kruisbessenstruik (de)	тұшала	[tuʃala]

acacia (de)	қараған	[qaraɣan]
zuurbes (de)	зерек	[zerek]
jasmijn (de)	ақгүл	[aqgyl]

jeneverbes (de)	арша	[arʃa]
rozenstruik (de)	қызғылт бұта	[qızɣılt buta]
hondsroos (de)	итмұрын	[ıtmurın]

188. Champignons

paddenstoel (de)	саңырауқұлақ	[saŋırawqulaq]
eetbare paddenstoel (de)	жеуге жарайтын саңырауқұлақ	[ʒewge ʒarajtın saŋırawqulaq]
giftige paddenstoel (de)	зәрлі саңырауқұлақ	[zærlı saŋırauqulaq]
hoed (de)	қалпақ	[qalpaq]
steel (de)	аяқ	[ajaq]

gewoon eekhoorntjesbrood (het)	ақ саңырауқұлақ	[aq saŋırauqulaq]
rosse populierenboleet (de)	саңырауқұлақ	[saŋırawqulaq]
berkenboleet (de)	қоңыр саңырауқұлақ	[qoŋır saŋırawqulaq]
cantharel (de)	түлкішек	[tylkıʃæk]
russula (de)	сыроежка	[sırɔeʒka]

morille (de)	тыржыңқұлақ	[tırʒıŋqulaq]
vliegenzwam (de)	шыбынжұт	[ʃıbınʒut]
groene knolzwam (de)	улы саңырау құлақ	[wlı saŋıraw qulaq]

189. Vruchten. Bessen

vrucht (de)	жеміс	[ʒemıs]
vruchten (mv.)	жемістер	[ʒemıster]
appel (de)	алма	[alma]
peer (de)	алмұрт	[almurt]
pruim (de)	қара өрік	[qara ørık]

aardbei (de)	бүлдірген	[byldırgen]
zure kers (de)	кәдімгі шие	[kadımgı ʃie]
zoete kers (de)	қызыл шие	[qızıl ʃie]
druif (de)	жүзім	[ʒyzım]

framboos (de)	таңқурай	[taŋwraj]
zwarte bes (de)	қарақат	[qaraqat]
rode bes (de)	қызыл қарақат	[qızıl qaraqat]
kruisbes (de)	тұшала	[tuʃala]

veenbes (de)	мүк жидегі	[myk ʒɪdegɪ]
sinaasappel (de)	апельсин	[apeʎsɪn]
mandarijn (de)	мандарин	[mandarɪn]
ananas (de)	ананас	[ananas]
banaan (de)	банан	[banan]
dadel (de)	құрма	[qʊrma]

citroen (de)	лимон	[lɪmɔn]
abrikoos (de)	өрік	[ørɪk]
perzik (de)	шабдалы	[ʃabdalɪ]
kiwi (de)	киви	[kɪwɪ]
grapefruit (de)	грейпфрут	[grejpfrwt]

bes (de)	жидек	[ʒɪdek]
bessen (mv.)	жидектер	[ʒɪdekter]
vossenbes (de)	итбүлдірген	[ɪtbyldɪrgen]
bosaardbei (de)	қой бүлдірген	[qɔj byldɪrgen]
bosbes (de)	қара жидек	[qara ʒɪdek]

190. Bloemen. Planten

| bloem (de) | гүл | [gyl] |
| boeket (het) | гүл шоғы | [gyl ʃɔɣɪ] |

roos (de)	раушан	[rawʃan]
tulp (de)	қызғалдақ	[qɪzɣaldaq]
anjer (de)	қалампыр	[qalampɪr]
gladiool (de)	гладиолус	[gladɪɔlws]

korenbloem (de)	гүлкекіре	[gylkekɪre]
klokje (het)	қоңырау	[qɔŋɪraw]
paardenbloem (de)	бақбақ	[baqbaq]
kamille (de)	түйметағы	[tyjmetaɣɪ]

aloë (de)	алоэ	[alɔɛ]
cactus (de)	кактус	[kaktws]
ficus (de)	фикус	[fɪkws]

lelie (de)	лалагүл	[lalagyl]
geranium (de)	герань	[geraɲ]
hyacint (de)	сүмбілгүл	[symbɪlgyl]

mimosa (de)	мимоза	[mɪmɔza]
narcis (de)	нарцисс	[nartsɪss]
Oostindische kers (de)	настурция	[nastwrtsɪja]

orchidee (de)	орхидея	[ɔrhɪdeja]
pioenroos (de)	пион	[pɪɔn]
viooltje (het)	шегіргүл	[ʃægɪrgyl]

driekleurig viooltje (het)	сарғалдақтар	[sarɣaldaqtar]
vergeet-mij-nietje (het)	ботакөз	[botakøz]
madeliefje (het)	әсел	[æseʎ]
papaver (de)	көкнәр	[køknær]

hennep (de)	сора	[sɔra]
munt (de)	жалбыз	[ʒalbɪz]
lelietje-van-dalen (het)	меруертгүл	[merwertgyl]
sneeuwklokje (het)	бәйшешек	[bæjʃæʃæk]
brandnetel (de)	қалақай	[qalaqaj]
veldzuring (de)	қымыздық	[qɪmɪzdɪq]
waterlelie (de)	құмыра гүл	[qʊmɪra gyl]
varen (de)	қырыққұлақ	[qɪrɪqʊlaq]
korstmos (het)	қына	[qɪna]
oranjerie (de)	жылыжай	[ʒɪlɪʒaj]
gazon (het)	көгал	[køgal]
bloemperk (het)	гүлбағы	[gyʎbahɣɪ]
plant (de)	өсімдік	[øsɪmdɪk]
gras (het)	шөп	[ʃøp]
grasspriet (de)	бір тал шөп	[bɪr tal ʃøp]
blad (het)	жапырақ	[ʒapɪraq]
bloemblad (het)	күлте	[kyʎte]
stengel (de)	сабақ	[sabaq]
knol (de)	түйнек	[tyjnek]
scheut (de)	өскін	[øskɪn]
doorn (de)	тікенек	[tɪkenek]
bloeien (ww)	гүлдеу	[gyldew]
verwelken (ww)	сарғаю	[sarɣaju]
geur (de)	иіс	[ɪːs]
snijden (bijv. bloemen ~)	кесу	[kesw]
plukken (bloemen ~)	үзу	[juzw]

191. Granen, graankorrels

graan (het)	дән	[dæn]
graangewassen (mv.)	астық дақыл өсімдіктері	[astɪq daqɪl øsɪmdɪkterɪ]
aar (de)	масақ	[masaq]
tarwe (de)	бидай	[bɪdaj]
rogge (de)	қара бидай	[qara bɪdaj]
haver (de)	сұлы	[sʊlɪ]
gierst (de)	тары	[tarɪ]
gerst (de)	арпа	[arpa]
maïs (de)	жүгері	[ʒygerɪ]
rijst (de)	күріш	[kyrɪʃ]
boekweit (de)	қарақұмық	[qaraqʊmɪq]
erwt (de)	бұршақ	[bʊrʃaq]
boon (de)	бұршақ	[bʊrʃaq]
soja (de)	соя	[sɔja]
linze (de)	жасымық	[ʒasɪmɪq]
bonen (mv.)	ірі бұршақтар	[ɪrɪ bʊrʃaqtar]

REGIONALE AARDRIJKSKUNDE

Landen. Nationaliteiten

192. Politiek. Overheid. Deel 1

politiek (de)	саясат	[sajasat]
politiek (bn)	саяси	[sajasɪ]
politicus (de)	саясаткер	[sajasatker]
staat (land)	мемлекет	[memleket]
burger (de)	азамат	[azamat]
staatsburgerschap (het)	азаматтық	[azamatɪq]
nationaal wapen (het)	ұлттық елтаңба	[ultɪq eltaŋba]
volkslied (het)	мемлекеттік əн-ұран	[memleketɪk æn uran]
regering (de)	үкімет	[jukɪmet]
staatshoofd (het)	ел басқарушысы	[el basqarwʃɪsɪ]
parlement (het)	парламент	[parlament]
partij (de)	партия	[partɪja]
kapitalisme (het)	капитализм	[kapɪtalɪzm]
kapitalistisch (bn)	капиталистік	[kapɪtalɪstɪk]
socialisme (het)	социализм	[sotsɪalɪzm]
socialistisch (bn)	социалистік	[sotsɪalɪstɪk]
communisme (het)	коммунизм	[kɔmmwnɪzm]
communistisch (bn)	коммунистік	[kɔmmwnɪstɪk]
communist (de)	коммунист	[kɔmmwnɪst]
democratie (de)	демократия	[demɔkratɪja]
democraat (de)	демократ	[demɔkrat]
democratisch (bn)	демократиялық	[demɔkratɪjalɪq]
democratische partij (de)	демократиялық партия	[demɔkratɪjalɪq partɪja]
liberaal (de)	либерал	[lɪberal]
liberaal (bn)	либералдық	[lɪberaldɪq]
conservator (de)	консерватор	[kɔnservatɔr]
conservatief (bn)	консерваторлық	[kɔnservatɔrlɪq]
republiek (de)	республика	[respwblɪka]
republikein (de)	республикашыл	[respwblɪkaʃɪl]
Republikeinse Partij (de)	республикалық партия	[respwblɪqalɪq partɪja]
verkiezing (de)	сайлаулар	[sajlawlar]
kiezen (ww)	сайлау	[sajlaw]
kiezer (de)	сайлаушы	[sajlawʃɪ]

verkiezingscampagne (de)	сайлау науқаны	[sajlaw nawqanı]
stemming (de)	дауыс беру	[dawıs berw]
stemmen (ww)	дауыс беру	[dawıs berw]
stemrecht (het)	дауыс беру құқығы	[dauıs berw quqıɣı]

kandidaat (de)	кандидат	[kandıdat]
zich kandideren	дауысқа түсу	[dawısqa tysw]
campagne (de)	науқан	[nawqan]

oppositie- (abn)	оппозициялық	[ɔppɔzıtsıjalıq]
oppositie (de)	оппозиция	[ɔppɔzıtsıja]

bezoek (het)	сапар	[sapar]
officieel bezoek (het)	ресми сапар	[resmı sapar]
internationaal (bn)	халықаралық	[halıqaralıq]

onderhandelingen (mv.)	келіссөз	[kelısøz]
onderhandelen (ww)	келіссөздер жүргізу	[kelısøzder ʒyrgızw]

193. Politiek. Overheid. Deel 2

maatschappij (de)	қоғам	[qoɣam]
grondwet (de)	конституция	[kɔnstıtwtsıja]
macht (politieke ~)	билік	[bılık]
corruptie (de)	жемқорлық	[ʒemqorlıq]

wet (de)	заң	[zaŋ]
wettelijk (bn)	заңды	[zaŋdı]

rechtvaardigheid (de)	әділдік	[ædıldık]
rechtvaardig (bn)	әділ	[ædıl]

comité (het)	комитет	[kɔmıtet]
wetsvoorstel (het)	заң жобасы	[zaŋ ʒɔbası]
begroting (de)	бюджет	[bydʒet]
beleid (het)	саясат	[sajasat]
hervorming (de)	реформа	[reforma]
radicaal (bn)	радикалдық	[radıqaldıq]

macht (vermogen)	күш	[kyʃ]
machtig (bn)	қуатты	[qwatı]
aanhanger (de)	жақтағыш	[ʒaqtaɣıʃ]
invloed (de)	ықпал	[ıqpal]

regime (het)	режим	[reʒım]
conflict (het)	шиеленіс	[ʃıelenıs]
samenzwering (de)	қастандық	[qastandıq]
provocatie (de)	азғыру	[azɣırw]

omverwerpen (ww)	түсіру	[tysırw]
omverwerping (de)	құлату	[qʊlatw]
revolutie (de)	революция	[revɔlytsıja]
staatsgreep (de)	төңкеріс	[tøŋkerıs]
militaire coup (de)	әскери төңкеріс	[æskerı tøŋkerıs]

crisis (de)	дағдарыс	[daɣdarıs]
economische recessie (de)	экономикалық құлдырау	[ɛkɔnɔmıkalıq quldıraw]
betoger (de)	демонстрант	[demɔnstrant]
betoging (de)	білдіру	[bıʎdırw]
krijgswet (de)	әскери жағдай	[æskerı ʒaɣdaj]
militaire basis (de)	база	[baza]

| stabiliteit (de) | тұрақтылық | [tʊraqtılıq] |
| stabiel (bn) | тұрақты | [tʊraqtı] |

| uitbuiting (de) | пайдалану | [pajdalanw] |
| uitbuiten (ww) | пайдалану | [pajdalanw] |

racisme (het)	нәсілшілдік	[næsılʃıldık]
racist (de)	нәсілшіл	[næsılʃıl]
fascisme (het)	фашизм	[faʃızm]
fascist (de)	фашист	[faʃıst]

194. Landen. Diversen

vreemdeling (de)	шетелдік	[ʃæteldık]
buitenlands (bn)	шетелдік	[ʃæteldık]
in het buitenland (bw)	шетелде	[ʃætelde]

emigrant (de)	эмигрант	[ɛmıgrant]
emigratie (de)	эмиграция	[ɛmıgratsıja]
emigreren (ww)	эмиграцияға кету	[ɛmıgratsıjaɣa ketw]

Westen (het)	батыс	[batıs]
Oosten (het)	шығыс	[ʃıɣıs]
Verre Oosten (het)	қиыр шығыс	[qı:r ʃıɣıs]

beschaving (de)	өркениет	[ørkenıet]
mensheid (de)	адамзат	[adamzat]
wereld (de)	әлем	[ælem]
vrede (de)	бейбітшілік	[bejbıtʃılık]
wereld- (abn)	әлемдік	[ælemdık]

vaderland (het)	отан	[ɔtan]
volk (het)	халық	[halıq]
bevolking (de)	халық	[halıq]
mensen (mv.)	адамдар	[adamdar]
natie (de)	ұлт	[ult]
generatie (de)	ұрпақ	[urpaq]

gebied (bijv. bezette ~en)	территория	[terrıtɔrıja]
regio, streek (de)	аймақ	[ajmaq]
deelstaat (de)	штат	[ʃtat]

traditie (de)	әдет-ғұрпы	[ædet ɣurpı]
gewoonte (de)	әдет	[ædet]
ecologie (de)	экология	[ɛkɔlɔgıja]
Indiaan (de)	үндіс	[jundıs]
zigeuner (de)	сыған	[sıɣan]

| zigeunerin (de) | сыған әйел | [sɪɣɑn æjel] |
| zigeuner- (abn) | сыған | [sɪɣɑn] |

rijk (het)	империя	[ɪmperɪjɑ]
kolonie (de)	отар	[ɔtɑr]
slavernij (de)	құлдық	[quldɪq]
invasie (de)	жорық	[ʒɔrɪq]
hongersnood (de)	аштық	[ɑʃtɪq]

195. Grote religieuze groepen. Bekentenissen

| religie (de) | дін | [dɪn] |
| religieus (bn) | діндар | [dɪndɑr] |

geloof (het)	діншілдік	[dɪnʃɪldɪk]
geloven (ww)	сену	[senw]
gelovige (de)	діндар	[dɪndɑr]

| atheïsme (het) | атеизм | [ɑteɪzm] |
| atheïst (de) | атеист | [ɑteɪst] |

christendom (het)	христиан діні	[hrɪstɪɑn dɛnɪ]
christen (de)	христиан	[hrɪstɪɑn]
christelijk (bn)	христиандық	[hrɪstɪɑndɪq]

katholicisme (het)	Католицизм	[kɑtɔlɪtsɪzm]
katholiek (de)	католик	[kɑtɔlɪk]
katholiek (bn)	католик	[kɑtɔlɪk]

protestantisme (het)	Протестанттық	[prɔtestɑnttɪq]
Protestante Kerk (de)	Протестант шіркеуі	[prɔtestɑnt ʃɪrkewɪ]
protestant (de)	протестант	[prɔtestɑnt]

orthodoxie (de)	Православие	[prɑvɔslɑwɪe]
Orthodoxe Kerk (de)	православиелік шіркеу	[prɑvɔslɑwɪelɪk ʃɪrkew]
orthodox	православ	[prɑvɔslɑv]

presbyterianisme (het)	Пресвитериандық	[preswɪterɪɑndɪq]
Presbyteriaanse Kerk (de)	Пресвитериан шіркеуі	[preswɪterɪɑn ʃɪrkewɪ]
presbyteriaan (de)	пресвитерианин	[preswɪterɪɑnɪn]

| lutheranisme (het) | Лютерандық шіркеу | [lyterɑndɪq ʃɪrqew] |
| lutheraan (de) | лютеранин | [lyterɑnɪn] |

| baptisme (het) | Баптизм | [bɑptɪzm] |
| baptist (de) | баптист | [bɑptɪst] |

Anglicaanse Kerk (de)	Ағылшын шіркеуі	[ɑɣɪlʃɪn ʃɪrkewɪ]
anglicaan (de)	англиканин	[ɑŋlɪkɑnɪn]
mormonisme (het)	Мормондық	[mɔrmɔndɪq]
mormoon (de)	мормон	[mɔrmɔn]
Jodendom (het)	Иудаизм діні	[ɪwdɑɪzm dɪnɪ]
jood (aanhanger van het Jodendom)	иудей	[ɪwdej]

| boeddhisme (het) | Буддизм | [bwddızm] |
| boeddhist (de) | буддист | [bwddıst] |

| hindoeïsme (het) | Индуизм | [ındwızm] |
| hindoe (de) | индуист | [ındwıst] |

islam (de)	Ислам	[ıslam]
islamiet (de)	мұсылман	[mʊsılman]
islamitisch (bn)	мұсылман	[mʊsılman]

sjiisme (het)	Шиизм	[ʃı:zm]
sjiiet (de)	шиит	[ʃı:t]
soennisme (het)	Суннизм	[swŋızm]
soenniet (de)	суннит	[swŋıt]

196. Religies. Priesters

| priester (de) | дін қызметшісі | [dın qızmetʃısı] |
| paus (de) | Рим Папасы | [rım papası] |

monnik (de)	монах	[mɔnah]
non (de)	монах әйел	[mɔnah æjel]
pastoor (de)	пастор	[pastɔr]

abt (de)	аббат	[abbat]
vicaris (de)	викарий	[wıkarıj]
bisschop (de)	епископ	[epıskɔp]
kardinaal (de)	кардинал	[kardınal]

predikant (de)	дінге үгіттеуші	[dıŋe jugıttewʃı]
preek (de)	аѓуа	[aɣwa]
kerkgangers (mv.)	приходтықтар	[prıhɔdtıqtar]

| gelovige (de) | діншіл | [dınʃıʎ] |
| atheïst (de) | атеист | [ateıst] |

197. Geloof. Christendom. Islam

| Adam | Адам | [adam] |
| Eva | Ева | [eva] |

God (de)	Құдай	[qʊdaj]
Heer (de)	Құдай	[qʊdaj]
Almachtige (de)	Құдіретті	[qʊdırettı]

zonde (de)	күнә	[kynæ]
zondigen (ww)	күнәѓа бату	[kynæɣa batw]
zondaar (de)	күнәһар	[kynæhar]
zondares (de)	күнаһар әйел	[kynæhar æjel]

| hel (de) | тозақ | [tɔzaq] |
| paradijs (het) | жұмақ | [ʒʊmaq] |

Jezus	Иса	[ısa]
Heilige Geest (de)	ақ аруақ	[aq arwaq]
Verlosser (de)	Құтқарушы	[qʊtqarwʃı]
Maagd Maria (de)	құдай ана	[qʊdaj ana]

duivel (de)	шайтан	[ʃajtan]
duivels (bn)	шайтан	[ʃajtan]
Satan	әбілет	[æbılet]
satanisch (bn)	шайтандық	[ʃajtandıq]

engel (de)	періште	[perıʃte]
beschermengel (de)	періште-сақтаушы	[perıʃte saqtawʃı]
engelachtig (bn)	періштедей	[perıʃtedej]

apostel (de)	апостол	[apɔstɔl]
aartsengel (de)	періште	[perıʃte]
antichrist (de)	антихрист	[antıhrıst]

Kerk (de)	шіркеу	[ʃırkew]
bijbel (de)	інжіл	[ınʒıl]
bijbels (bn)	інжіл	[ınʒıl]

Oude Testament (het)	Көне өсиет	[køne øsıet]
Nieuwe Testament (het)	Жаңа өсиет	[ʒaŋa øsıet]
evangelie (het)	Інжіл	[ınʒıl]
Heilige Schrift (de)	Қасиетті жазу	[qasıettı ʒazw]
Hemel, Hemelrijk (de)	Аспан, Аспан патшалығы	[aspan], [aspan patʃalıɣı]

gebod (het)	парыз	[parız]
profeet (de)	пайғамбар	[pajɣambar]
profetie (de)	пайғамбарлық	[pajɣambarlıq]

Allah	Алла	[alla]
Mohammed	Мұхаммед	[mʊhammed]
Koran (de)	Құран	[qʊran]

moskee (de)	мешіт	[meʃıt]
moellah (de)	молда	[mɔlda]
gebed (het)	дұға	[dʊɣa]
bidden (ww)	дұға оқу	[dʊɣa ɔqw]

pelgrimstocht (de)	қажылық	[qaʒılıq]
pelgrim (de)	қажы	[qaʒı]
Mekka	Мекке	[mekke]

kerk (de)	шіркеу	[ʃırkew]
tempel (de)	ғибадатхана	[ɣıbadathana]
kathedraal (de)	собор	[sɔbɔr]
gotisch (bn)	готикалық	[gɔtıkalıq]
synagoge (de)	синагога	[sınagɔga]
moskee (de)	мешіт	[meʃıt]

kapel (de)	кішкентай шіркеу	[kıʃkentaj ʃırkew]
abdij (de)	аббат тағы	[abbat taɣı]
nonnenklooster (het)	монастырь	[mɔnastırʲ]
mannenklooster (het)	монастырь	[mɔnastırʲ]

klok (de)	қоңырау	[qoŋɪraw]
klokkentoren (de)	қоңыраухана	[qoŋɪrawhana]
luiden (klokken)	соғу	[sɔɣw]

kruis (het)	крест	[krest]
koepel (de)	күмбез	[kymbez]
icoon (de)	икон	[ɪkɔn]

ziel (de)	жан	[ʒan]
lot, noodlot (het)	тағдыр	[taɣdɪr]
kwaad (het)	жамандық	[ʒamandɪq]
goed (het)	жақсылық	[ʒaqsɪlɪq]

vampier (de)	қанышер	[qanɪʃær]
heks (de)	мыстан	[mɪstan]
demoon (de)	әзәзіл	[æzazɪl]
duivel (de)	әбілет	[æbɪlet]
geest (de)	рух	[rwh]

| verzoeningsleer (de) | өтеу | [øtew] |
| vrijkopen (ww) | өтеу | [øtew] |

mis (de)	намаз оқу	[namaz ɔqw]
de mis opdragen	намаз оқу	[namaz ɔqw]
biecht (de)	тәубе	[tæwbe]
biechten (ww)	тәубе жасау	[tæwbe ʒasaw]

heilige (de)	әулие	[æwlɪe]
heilig (bn)	әулие	[æwlɪe]
wijwater (het)	қасиетті су	[qasɪetɪ sw]

ritueel (het)	салт	[salt]
ritueel (bn)	салтты	[salttɪ]
offerande (de)	құрбандық шалу	[qurbandɪq ʃalw]

bijgeloof (het)	ырым	[ɪrɪm]
bijgelovig (bn)	ырымшыл	[ɪrɪmʃɪl]
hiernamaals (het)	о дүниелік өмір	[ɔ dynɪelɪk ømɪr]
eeuwige leven (het)	мәңгілік өмір	[mæŋgɪlɪk ømɪr]

DIVERSEN

198. Diverse nuttige woorden

achtergrond (de)	фон	[fɔn]
balans (de)	баланс	[balans]
basis (de)	негіз	[negız]
begin (het)	бастама	[bastama]
beurt (wie is aan de ~?)	кезек	[kezek]
categorie (de)	дәреже	[dærezе]
comfortabel (~ bed, enz.)	ыңғайлы	[ıŋɣajlı]
compensatie (de)	қарымақы	[qarımaqı]
deel (gedeelte)	бөлшек	[bølʃæk]
deeltje (het)	бөлшек	[bølʃæk]
ding (object, voorwerp)	зат	[zat]
dringend (bn, urgent)	жедел	[ʒedel]
dringend (bw, met spoed)	дереу	[derew]
effect (het)	әсер	[æser]
eigenschap (kwaliteit)	қасиет	[qasıet]
einde (het)	соңы	[sɔŋı]
element (het)	элемент	[ɛlement]
feit (het)	дерек	[derek]
fout (de)	қате	[qate]
geheim (het)	жасырын сыр, құпия	[ʒasırın sır], [qʊpıja]
graad (mate)	дәреже	[dærezе]
groei (ontwikkeling)	даму	[damw]
hindernis (de)	тосқауыл	[tɔsqawıl]
hinderpaal (de)	бөгет	[bøget]
hulp (de)	көмек	[kømek]
ideaal (het)	мұрат	[mʊrat]
inspanning (de)	күш салу	[kyʃ salw]
keuze (een grote ~)	таңдау	[taŋdaw]
labyrint (het)	лабиринт	[labırınt]
manier (de)	амал	[amal]
moment (het)	сәт	[sæt]
nut (bruikbaarheid)	пайда	[pajda]
onderscheid (het)	айырмашылық	[ajırmaʃılıq]
ontwikkeling (de)	даму	[damw]
oplossing (de)	шешуі	[ʃæʃwı]
origineel (het)	төлнұсқа	[tølnʊsqa]
pauze (de)	үзіліс	[juzılıs]
positie (de)	позиция	[pɔzıtsıja]
principe (het)	принцип	[prıntsıp]

probleem (het)	мәселе	[mæsele]
proces (het)	үдеріс	[juderɪs]
reactie (de)	реакция	[reaktsɪja]
reden (om ~ van)	себеп	[sebep]
risico (het)	тәуекел	[tæwekeʎ]
samenvallen (het)	түйісу	[tyjɪsw]
serie (de)	серия	[serɪja]
situatie (de)	жағдай	[ʒaɣdaj]
soort (bijv. ~ sport)	түр	[tyr]
standaard (bn)	стандартты	[standarttɪ]
standaard (de)	стандарт	[standart]
stijl (de)	стиль	[stɪʎ]
stop (korte onderbreking)	тоқталу	[toqtalw]
systeem (het)	жүйе	[ʒyje]
tabel (bijv. ~ van Mendelejev)	кесте	[keste]
tempo (langzaam ~)	қарқын	[qarqɪn]
term (medische ~en)	термин	[termɪn]
type (soort)	түр	[tyr]
variant (de)	вариант	[varɪant]
veelvuldig (bn)	жиі	[ʒɪː]
vergelijking (de)	салыстыру	[salɪstɪrw]
voorbeeld (het goede ~)	мысал	[mɪsal]
voortgang (de)	жақсарыс	[ʒaqsarɪs]
voorwerp (ding)	объект	[obʰekt]
vorm (uiterlijke ~)	пішін	[pɪʃɪn]
waarheid (de)	ақиқат	[aqɪqat]
zone (de)	аймақ	[ajmaq]